T5-BPZ-696

AMERICA LATINA:

CONTINENTE FABULADO

980.03
A5121

N.º de Inscripción :99.004
© FACULTAD DE ARTES
DOLMEN EDICIONES S.A.
Cirujano Guzmán 194, Providencia, Santiago

Derechos exclusivos reservados para todos los países

Esta edición de 2000 ejemplares se terminó de imprimir en
junio de 1997, en DOLMEN EDICIONES S.A. Santiago.

Dirección : Jaime Cordero
Composición : José Manuel Ferrer
Diseño Portada : Ximena Ulibarri

I.S.B.N : 956-201-315-4

IMPRESO EN CHILE/PRINTED IN CHILE

AEJ-1247

AMERICA LATINA:

CONTINENTE FABULADO

COMPILADORA

REBECA LEON

AUTORES

ICLEIA BORSA CATTANI
PABLO OYARZUN
MARGARITA SCHULTZ
MARIA EUGENIA BRITO
ADRIANA VALDES
CRISTIAN VILA
JUAN PABLO GONZALEZ

PROLOGO

DIAMELA ELTIT

DOLMEN EDICIONES

INDICE

PRESENTACION

El conjunto de textos que aquí se presentan surge de una propuesta de investigación realizada por la profesora Rebeca León, con el apoyo del Departamento de Teoría e Historia de las Artes de la Universidad de Chile.

La investigación consistía en buscar aquellos rasgos concernientes a la identidad chilena y latinoamericana, desde las diversas prácticas artísticas que conforman esta Facultad.

Si consideramos el arte como aquel espacio en el cual una colectividad se piensa a sí misma y elabora su proyecto de vida, entonces el pensamiento sobre los modos de elaboración de ese espacio instaura un punto de partida en la reflexión Arte-Sociedad.

Crear un dispositivo de pensamiento que contenga la formulación desde diversos ámbitos del conocer: filosofía, estética, literatura, música, de una de las problemáticas centrales a nuestro país, ha sido el objetivo de publicación de este texto. El que pretende señalar las vías o paraderos; las señales, quizás, para comprender los modos de habitar la heterogeneidad de un territorio y la manera como éste se muestra en su multiplicidad de mundos como continente.

No se pretende, entonces, acotar los núcleos de sentido presentes en los múltiples desarrollos que abordan los escritos aquí reunidos: se intenta sólo abrir a la comunidad cultural de nuestro país la pregunta por su imaginario colectivo, el trazado que la historia hace productivizar en el presente, pensando en corregir y superar el proyecto de futuro que hoy encaramos de manera inédita en nuestra historia.

Gesto político del libro, entonces: requiere una contextualización de acuerdo a las coyunturas por las que atraviesa Chile en el período de transición a la democracia; busca insertar, a través de la demanda sigilosa que las instituciones le piden, la formulación de sus conocimientos. El saber, el poder de su deseo.

Deseo que se nutre de materialidades precarias, enigmáticas, pero insoslayables: si no fuera así, el lugar de la pregunta no se sostendría; habría sólo silencio, dispersión, quizá la ruina. Pero la producción artística chilena y latinoamericana existe y es invitante. No sólo eso, es insistente como significado que se adhiere a esa superficie inexplorable, múltiple en sus hablas y que desde ellas y a partir de ellas surge en esa muchedumbre que tanto conocemos, como arte, cultura, lengua. El territorio latinoamericano, el que nos concierne.

Agradecemos, entonces, al D.T.I. y al Departamento de Teoría e Historia de las Artes de nuestra universidad de Chile, el apoyo que nos prestaran y también a los académicos y artistas que colaboraron en la producción de los textos, los que sabemos son fruto de sus investigaciones, de su pensamiento, de su trabajo.

María Eugenia Brito

PROLOGO

NOMBRES Y RENOMBRES

Quizás una de las prácticas culturales más desafiantes que hoy se plantea en el interior de los ámbitos académicos, radica en cómo pensar lo local; desde cuáles conceptualizaciones es posible retramar las hebras que delimitan los apasionantes espacios de la diversidad y de las diferencias. Tarea, sin duda, compleja en varios sentidos, puesto que esta actividad aparece asediada por una apresurada y confusa zona de presupuestos que transforman el ejercicio del pensar en una zona de riesgo y de sospecha, porque, por una parte yacen las múltiples y ya descascaradas utopías, mientras en otro vértice se levanta la homologante globalización que nivela las diferencias con sus veloces barras cibernéticas.

Entonces, pensar el lugar implica la elaboración de un gesto, en cierto modo, dramático. O al revés, una forma de juego sutil, un determinado jolgorio a través del cual se tira la casa por la ventana, alterando los órdenes, permitiendo la emergencia de los intersticios desde donde puede ser posible examinar el estado general en que se sostienen las estructuras culturales.

Porque pensar el lugar es, especialmente, construirlo, rediseñarlo en el espacio del discurso al unir sentidos, producir escenarios, recoger fragmentos dispersos para reponerlos en una nueva ubicación, implica internarse en la memoria histórica y social para encontrar allí el gesto estratégico susceptible de ser movilizado como correlato de un presente. Construcción de lugares desde

la lectura inteligente de los signos sociales que van de-
marcando los territorios por los cuales fluye, precisamente, el deseo de lugar, deseo incrustado en la marca histórica que va configurando a los cuerpos y sus tránsitos.

El libro «América Latina: Continente fabulado», aus-
piciado por el Departamento de Teoría e Historia del Arte
de la Universidad de Chile, incursiona en la problemática de los lugares y de las convenciones sobre los lugares. A la manera de un trabajo artesanal que va elabo-
rando superficies recorridas por micromapas o acotadas
significativas ciudadelas de sentido, cada uno de los textos que conforman este libro, se amplía en su roce con
los otros, produciendo así segmentos en los que se cruzan o descruzan problemas que tocan y expanden la
amplia y móvil noción de identidad. El libro, articulado
desde una convocatoria plural, muestra los mecanismos
de una práctica de producción textual colectiva e
interdisciplinaria, que se presenta como estrategia para
enfrentar las dificultades por las que hoy atraviesa el
pensar en el interior de ámbitos universitarios.

La configuración desde los espacios académicos del
sujeto, de los cuerpos, de los territorios, de la historia,
de los nombres y, lo más importante, la revisión de las
categorías culturales que contienen a los espacios, se eri-
ge como el intento insoslayable que recorre este volumen. Cómo nombrar, cómo leer, qué leer, cuál teorización
parece ser el objeto de este libro. Libro «ladino» en el
sentido que alcanza la palabra en el trabajo del filósofo
Pablo Oyarzún, las energías que aquí se contienen resultan modélicas para acercarse de manera múltiple al Chile de hoy.

Atravesando entre conquista y reconquistas, el libro
escudriña en un «entre» que, a la manera de una estela,
liga estas operaciones y su inscripción, como producción
de sentido, en discursos, obras artísticas y cuerpos sociales desde los cuales es posible hacer legible lo que se

10

entiende por chileno y por latinoamericano. No se trata sólo de rehacer el tema del viaje fundacional desde Europa hasta América, sino examinar, especialmente, los movimientos de los discursos y las batallas de los cuerpos latinos por alcanzar una sintaxis particular en el interior del poderoso tramado de los discursos dominantes. El viaje incierto de los signos que buscan conmovedoramente un nombre desde el cual establecerse, se presenta, en este libro, como un proyecto siempre en proceso de cambio. Proyecto de dotarse de un nombre que, en lo contemporáneo, produce la oscilación y el deslizamiento desde los macroespacios hasta los pequeños espacios. Oscilación abordada agudamente por la crítica literaria Adriana Valdés, cuando examina los efectos de la caída del macrorrelato latinoamericano y el modo en que esa fisura permite la emergencia intersticial de la mujer como sujeto social, productora de cultura, generadora, por lo tanto, de discurso.

El libro «América Latina: Continente fabulado» es el resultado de un trabajo crítico y creativo, signado por la confluencia de discursos que, más allá de sus necesarias diferencias, organizan pluralmente un campo de pensamiento en el cual es posible advertir el apasionado temblor por el que navegan los signos con los que se adquiere renombre.

Diamela Eltit

IDENTIDAD, DIFERENCIA, MEZCLA:
¿PENSAR LATINOAMÉRICA?[1]

Pablo Oyarzún

Obviamente hace alusión el título de este ensayo a unos conceptos que están en juego —puedo decir sin temor a equivocarme: siempre— en la discusión acerca de lo latinoamericano. Mi intención acerca de ellos es, en primera línea, ordenadora y discernidora: busco levantar una suerte de catastro de tales nociones. Que allí sólo se mencionen tres no debería desviar la vista del hecho de que esas tres son las que han tenido una función mayormente significativa dentro de aquella discusión.

Los conceptos que invoco son enfrentados con una pregunta. También ella trae, sin duda, más de una secuela y alusión por su propia cuenta. Trae en primer lugar una alusión a aquello que es mi propia inscripción intelectual y teórica, la filosofía. Con ello no quiero insinuar que sólo en el campo disciplinariamente asegurado de la filosofía pudiese acontecer eso que llamaríamos «pensar». Creo que todos estamos bien enterados de los recelos en que está envuelto todo ejercicio de la filosofía

---

[1] El presente es el texto de una conferencia leída en el III Seminario de Arquitectura Contemporánea Latinoamericana, en la Universidad Católica de Chile, en diciembre de 1988. La he pronunciado, con variantes más o menos significativas, también en otras dos ocasiones: en el Seminario Abierto de Teoría organizado por la Carrera de Bellas Artes de la Universidad Arcis, en julio de 1990, y en el Congreso de Literatura Hispánicas, en la Facultad de Filosofía y Humanidades de la Universidad de Chile, en agosto de 1992.

13

en Latinoamérica cuando se trata de evaluar su originalidad, y conocemos algunos argumentos que aconsejan buscar en otros sitios y en otras palabras el lugar propicio que tendría el «pensar» entre nosotros. Un poco por todo lo que viene implicado en consideraciones como éstas, me veo necesitado de hacer inmediatamente una prevención. Lo que se diga aquí, lo que yo vaya a decir aquí, no está en absoluto motivado por la pregunta varias veces planteada, abusivamente agitada, acerca de la existencia de una filosofía vernácula, de una «filosofía latinoamericana», ni tampoco supone alguna pregunta por la posibilidad —o imposibilidad— de ésta. Y no es que crea en una universalidad de la filosofía como la que se afirma en la expresión *philosophia perennis*, o sea, una suerte de reserva de saber —y un saber reservado— que conserva su identidad en el tiempo, que hace burla, por decir así, de la mudanza histórica y mantiene, en todo lugar y localidad, su núcleo incólume.

No creo ni en lo uno ni en lo otro: ni en la sublimidad de un pensamiento sin coordenadas, ni en su arraigo entrañable en algún pago o región. Pero la verdad es que preferiría que no se me exigiese decir en qué cosa creo. Y puesto que resulta incómodo para uno hacer gala de su creencia, voy a acudir a un expediente que puede parecer un truco barato. Voy a bosquejar —a eso me refería cuando mencionaba los conceptos que están consignados en el título—, a bosquejar y nada más, una especie de pequeña «lógica», parcial pero decidora, según creo, de lo latinoamericano. Puede que la lógica ofrezca una coartada y un reducto para no declarar la creencia, puede también que no sea más que una cobertura bajo la cual ésa pase de contrabando. Será cosa de ver. Empecemos, pues.

Históricamente, pero diría también que por motivos lógicos (a eso acabo de aludir), la pregunta por lo latinoamericano ha tenido —y tiene— dos motivos prioritarios de encaramiento. Ya se apunta con ella a una *identidad*, ya se quiere designar una *diferencia*. Mucho es lo que puede variar de una a la otra opción cultural y políticamente, pero en ambas subyace algo común. Acaso lo común sea la referencia, expresa o tácita, a un «*proprium*», hágase esta referencia positiva o negativamente, es decir, ya sea que se presuponga lo «propio» como algo dado, ya se lo predisponga como una tarea: una empresa histórica, de preferencia. Este «*proprium*», como objeto de convicción o de presagio, y aún de crítica, determina el giro de toda reflexión sobre lo latinoamericano. Más aun: perfila ya el sujeto de esta reflexión, puesto que simultáneamente condiciona el «nosotros» en el que busca cada cual situarse al hablar de lo «nuestro»: lo condiciona como un plural más o menos homogéneo, que permanece en el tiempo, y se hace, así, portador de historia: un nosotros «mismos», que debería hallar la mayor parte de su sentido en hacer ostentación de su peculiaridad. *

Es lo que sugiere el concepto de independencia. No así, es cierto, su proceso. Como se sabe, la independencia, en el sentido preciso de la autonomía republicana, no fue el imperativo inicial que alentó las luchas emancipatorias de las colonias españolas, sino el evento, y, en cierto modo, el crudo azar, con que sus protagonistas se toparon a medio camino, sin haberlo previsto exhaustivamente, sin saberlo a priori. Y de ello, sólo en parte se podría eximir a aquellas voluntades esclarecidas o, más bien, ilustradas, que pronto asumieron la jefatura de tales luchas. Los criollos, en general, sólo buscaron, en un principio, mejorar su posición —económica, política— respecto de la metrópoli. En cambio, la independencia, como concepto, dice algo más enfático que esto. Habla de la necesidad de elaborar ante todo las bases sobre las que lo demás, todo lo nuevo, pueda erigirse. En efecto, en su acepción histórico-política, el término «independencia» es aplicable sólo en el contexto de una dominación imperial y colonialista. La nación que

---

* Aun si lo que se desea es realzar la diferencia, la "nuestra", ésta se concibe, en primer término, como alteridad, es decir, como otra identidad.

emerge en virtud de la emancipación es, por lo mismo, otra que la surgida de un proceso de unificación, o la que se reconstituye al sacudirse el yugo de un poder invasor. Esa nación sufre el prurito de hacerse entera desde los cimientos. Y para remate, este propósito se reitera en el tiempo, en segundas y terceras, ilusorias, nuevas o verdaderas independencias, hasta convertirse —la voluntad de emancipación— en un fantasma y en un síndrome. Como concepto, pues, la independencia es cautiva de la idea de fundar una identidad, diferente de aquella de la cual se desprende, original y nueva. Habrá que volver sobre este gesto fundacional, que nos cautiva.

Retorno, entre tanto, a mi argumento anterior. Me refería a un supuesto común a las postulaciones de identidad y de diferencia, el supuesto de una diferente identidad. Parece, pues, que la identidad pesara más como categoría. Sin embargo, puede que ésta sea una conclusión apresurada. La identidad diferente, la «otredad» de América Latina, complica por igual a los dos conceptos que reúne. Y así es: ya se piense Latinoamérica desde el punto de vista de una identidad más o menos cierta, o de una diferencia argüible, reflexionable, siempre se experimenta la necesidad de hacer distingos. Y éstos asumen el carácter de la negación o la denegación. (¿Será ése el precio que se paga por haber sido descubiertos, conquistados, colonizados, y hasta por haber sido emancipados? ¿Quiénes?) Como quiera que ello sea, por vía de negación, la diferencia se instala en el pretendido núcleo idéntico de América Latina, y lo extraña, nos lo extraña, y a nosotros con él. La teoría de Latinoamérica —su tratamiento como objeto contemplable, inteligible— suele ser una teoría (y se estaría tentado de decir: una teología) *negativa*: aludimos a Latinoamérica diciendo lo que no es. Y —dicho sin miramiento— lo que Latinoamérica no es, son dos cosas. Latinoamérica no es, no ha sido Europa, primeramente: ni España, Portugal, Inglaterra o Francia, ni Italia, tampoco Alemania: Europa *es* lo que Latinoamérica *no* es. Pero segundo, y quizá más incómodamente, «América» —este nombre hegemonizado por la nación del norte— es también lo que no es Latinoamérica.

Esta ontología defectiva de Latinoamérica es irremediable. (Acaso lo sea, en la misma medida en que es una cierta laya de ontología, en este caso, una presunción de ser. ¿O toda ontología lo es?) Basta que se quiera hallar la estabilidad de un «*proprium*» debajo de tantas capas, la densa solidaridad de un «nosotros» que se estira en el tiempo, algo sustantivo, en fin, para que nos veamos atrapados en un juego de remisiones sin término.

Cuando se procede, pues, con la afirmación, un sinnúmero de negaciones han de mediarla, de modo que sea posible. Y cuando se procede negativamente, a la inversa, se busca mantener en reserva una positividad. Se querría tener sobre seguro la ocasión aliviadora de decir un «aquí, por fin», un «esto es»; en verdad, se jura que hay tal ocasión, aunque todavía no se la vislumbre, aunque sea necesario, por ejemplo, diferirla hasta el futuro. Pero ¿a qué apelaremos para hacer de esta positividad presunta y añorada el referente sólido de esas indicaciones —el «aquí», el «esto»— ? ¿A lo popular, a lo hispánico, a lo religioso, lo rural, lo indígena, a la pampa o a la selva, al mero paisaje, entonces, elegíaco o violento, a lo geográfico, lo geológico, lo telúrico? De tanto retroceder en busca de lo propio acabamos por despoblar América; quizá todavía aguardemos a que vuelva a ser habitada de una u otra suerte, a través del enlace conjetural en el estrecho de Behring, o mediante navegaciones sin norte de los isleños del Pacífico Sur. Sea de ello lo que se quiera, América despoblada se nos convierte en algo así como un escenario dúctil para los humores de la fantasía. Llevados de la mano de ésta, incluso, podemos no parar en el paisaje, en el escenario, y transformar a América en un hueco, una huérfana oquedad que puede ser ocupada por escenografías diversas, el espacio vacante de la representación, un teatro de operaciones. Las conjeturas acerca de América y, sobre todo, de Latinoamérica son otras tantas maneras de hacer visible lo que suponen: que América, continente-isla, está suspendida en la imaginación o, dicho de otro modo, que América es una hipótesis. La búsqueda negativa — y recuerdo que empleo el epíteto con la misma acepción que tiene en la expresión «teología negativa»—, este tipo de búsqueda, de lo «nuestro», de puro interminable que se anuncia, tiende a quedar vacía de todo lo que pudiera ser decible. Lo latinoamericano se sustrae, entonces, como lo indecible: sublime o inane, según sea la proclividad electiva de nuestro temple. La referida búsqueda, con su ímpetu regresivo, tiende a encararnos con la desnudez de la conjetura, con su ímpetu regresivo, tiende a encarnarnos con la desnudes de la conjetura, con ese gesto abrupto de que depende toda hipótesis, como astucia imprescindible cada vez que se desespera del fundamento.

Lo enseña en toda su evidencia el acto ejemplar de la fundación. La fundación —que es otro síndrome, un ademán reiterativo y una compulsión— viene a confirmar una fisonomía de América que se vuelve extraña, antojadiza. De hecho, en el acto de fundación, el antojo impera. La fundación en descampado arbitra un sitio como origen, y postula —imagina— un centro desde el cual, por una irradiación que es también una imagen del arbitrio, el ser y el estar de una comunidad han de desplegarse.

Cito un pasaje del libro La «reflexión» cotidiana, de Humberto Giannini:

> El gesto fundacional no fue —y no es— otra cosa que la certeza de la omnipotencia de la voluntad humana no sólo para hacer la historia sino... para iniciarla absolutamente en medio de una naturaleza «sin historia», en medio de una realidad «sin mundo» para recordar unas polémicas anotaciones de viaje de Ernesto Grassi.

> Quisiéramos, pues, detenernos en este gesto, significativo al máximo, a nuestro entender:

Trátase —y éste es el privilegio americano— de nuestro modo de habitar el mundo a partir de una fundación ab origine: de una creación sin más supuestos que los que carga y trae (volveremos sobre esta carga) la subjetividad del descubridor. Y esto es lo significativo: tal gestión parece anunciar aquella otra expresión de la voluntad humana —esencialmente de su voluntad— por el que se inicia simbólica y realmente la edad moderna occidental: «la fundación» de todo lo percibido a partir de las verdades puras incondicionadas del yo percibiente. O si queremos, antes de Descartes: la deformación donquijotesca de lo percibido por la voluntad de percibir. Momentos de la «salida», del hacerse al mundo del Yo, con sus categorías invasoras.

El primer momento de esta aventura, de esta arremetida de la subjetividad corresponde, pues, a la ambigua odisea de Colón, en el siglo XV; al también ambiguo descubrimiento de un mundo que el conquistador sólo anhela llenar de sí —fundar— en un proyecto que aún no formula teóricamente: que sólo sueña en un sueño infinito de autoafirmación. Más que un descubrimiento, entonces, una invención de sí. Y el drama de América es haber quedado cubierta, quizá definitivamente, después de este descubrimiento.[2]

El gesto fundacional desnuda, pues, a América como un invento, como espejo del deseo de una subjetividad que siente —al menos por un instante— el vértigo de su total desasimiento. Siendo tal: espejo, devuelve, por cierto, una doble y contradictoria efigie. Es la tierra de la abundancia,

---

[2] H. Giannini, *La «reflexión» cotidiana. Hacia una arqueología de la experiencia*. Santiago: Editorial Universitaria, 1987, p.58 s. Extraigo la presente cita del Interloquio I, sobre «La Plaza». Carezco de espacio aquí para detenerme en el comentario de este texto, lo que sería, sin embargo, indispensable. Indispensable, digo, llamar la atención sobre aquello que ya en el ostensivo desplante del acto fundacional se anuncia como su revés inseparable. Y es que la fundación de América —el hollarla y nombrarla como lo nuevo, el consagrarla a la ley, la propiedad y la salvación —es simultáneamente la fundación del fundador, la fundación de Europa misma, que ahora puede reconocerse idealmente como avocada a la novedad y a la modernidad.

de la promisión, donde todo lo que el deseo se promete podrá cumplirse; la tierra del exceso; más que un continente, la incontinencia. Pero también es la tierra de la amenaza, la perdición reverberante de los espejismos, espantosa y hostil. (La selva es algo así como la síntesis de estas dos efigies.) Todo en ella se designa por la demasía, por lo anómalo, página en blanco en donde una fantasía liberada produce sin regla y, por eso, espacio franco e imprevisible de la monstruosidad.[3]

Así como la fundación desnuda a América como invento, la confirma también en su índole de hipótesis; acusa que es, a fin de cuentas, infundada.

Habría que dudar, entonces, de si América y Latinoamérica son algo hallable bajo la perspectiva de un qué: algo sustantivo, según decía, el meollo estable —o, si se prefiere, histórico— de diversos atributos y accidentes, de eventos y destinos. Todo intento de ontologizar lo latinoamericano (y esto puede hacerse de manera solapada y aun a contrapelo), tiene que ser advertido de este desfondamiento fantasioso que deja en vilo su misma posibilidad.

La fantasía, en estado salvaje, no obedece ya a una lógica, salvo que diluyamos el sentido de la palabra, de la palabra lógica, hasta la evanescencia. Responde por el contrario, a una mimética, y su operación, así como su producto, es una miscelánea. (Recuérdese que la mimética está determinada, más que por la reproducción de un modelo instituido —del que sin duda puede servirse

---

[3] A propósito de América, la teratología es la disciplina preferida en la *Historia Naturalis* de Plinio, cuya traducción española de 1629 incluye, precisamente, al continente americano bajo el apelativo de Indias Occidentales. Debo a Francisco Brugnoli, que ha emprendido una indagación muy rica —plástica y discursiva— sobre el imaginario (latino) americano, esta indicación. Suyo, se puede consultar el ensayo "Berlín-Berlín: ¿Dónde estoy?", en el Catálogo de la muestra *Cirugía Plástica*. Berlín: NGBK, 1989, p.p. 3-12.

como de un pretexto—, por la condición de hacer de una sarta heterogénea de procedencias algo que es distinto a tales ingredientes, pero en la cual siguen éstos, a la vez, confesándose su pertinaz diversidad.)

En el trance de escabullirse de las incómodas consecuencias de un uso convicto de las nociones de identidad y diferencia, pareciera tentador —aunque no menos incómodo— ver qué provecho podría tener el reconocimiento de los motivos miméticos y promiscuos que acaban por enrarecer esas nociones. Hay una cuestión, la del mestizaje, que, en esta línea, podría ofrecer mejores perspectivas para un examen más advertido de lo latinoamericano. De hecho, la cuestión del mestizaje ha sido abordado de muchos modos desde que, hace 40 ó 50 años, empezó a cobrar relevancia y hasta privilegio teórico y ensayístico. No hago más que agregar otro boceto a los que ya existen, uno que tal vez posea alguna fuerza sugestiva. Y otra cosa: ya ven ustedes cómo nos hemos deslizado, en el régimen argumental que intento, del *qué* —la apelación a lo sustantivo de Latinoamérica— hacia el *quién*: y no se tratará, en sentido propio, de un sujeto.

Dos aspectos inmediatos tiene este concepto que podrían insinuar su eficacia. En primer lugar, el mestizo es, podríase decir que casi derechamente, creatura de fantasía. La mirada purista, catártica, no llega a reducir su doblez escandalosa: ya aparece como ser artificial, debido a un capricho combinatorio del hombre o la naturaleza, ya como secuela natural de una irrupción contra natura, de un erotismo exacerbado y violento. Mímesis perversa, la mezcla mestiza no tiene modelo: el mestizo supone como posibilidad un erotismo exacerbado y violento. Mímesis perversa, la mezcla mestiza no tiene momento de extravío (de capricho) en que él se constituye como inanticipable. Se emparenta así, con los monstruos y los engendros. (Los engendros son, por cierto, ante todo, los engendrados, y en eso no difieren de las demás creaturas; pero ocurre que su extravagancia y vistosidad —su monstruosidad, en sentido estricto— nos hace reparar en el proceso de su generación como en la clave de esa misma rareza.)

En segundo lugar, el mestizaje pone en duda el origen, esto es, lo bastardea. Esa es su virtud o, más bien, su vicio: el vicio que lo hace, literalmente. El vicio y violencia y la violación: el mestizo rubrica la violencia como condición de la historia —y de la ley—, significa que la historia siempre corre el riesgo de ser suprimida violentamente o, dicho de otro modo, que la historia no es otra cosa que ese riesgo. Pero no sigo por esta vía.

El mestizaje es primariamente una categoría biológica y social. Desde ese punto de vista viene a contrariar ideas ya revenidas sobre la homogeneidad y la pureza, la naturalidad estricta o la originariedad exacta de la raza. Pero también propone sus dificultades y se presta para usos sospechosos. Decía antes que, como categoría, habla de la mezcla. En la lógica sucinta que estaba trazando, tiende por igual a distanciarse de los alegatos de la identidad, así como de aquellos de la diferencia. Pero también la mezcla puede ser trocada en un principio ontológico, en un fundamento de Latinoamérica o, de otro modo, en determinación trascendental suya, es decir, en un a priori que nos la haría pensable, representable. Y aquí, por ejemplo, ya pueden hacerse sitio implicaciones políticas indeseables: la idea de que la mezcla, por ser ontológica, sea finalmente un dato estático que no admite superación, expresa veladamente la percepción de que las contradicciones sociales y culturales que ella suele designar metafóricamente excluirán también la probabilidad de ser superadas. De ahí se sigue con presteza una resignación al *statu quo* de la contradicción,[4] siendo que la noción del mestizaje estaba lógicamente destinada a controlarla, al aco-

---

[4] Vale la pena recordar, creo, que este tipo de resignación suele difundirse por las zonas del pensamiento progresista y de izquierdas desencantado de sí mismo, pero no todavía del encanto, mucho más subrepticio, de la contradicción.

tar de modo crítico la complementariedad irremontable de la disyuntiva entre identidad y diferencia.

Por esa razón, me parece necesario no abandonar, pero sí atenuar —lo más que se pueda— esta definición racial del mestizaje. Me parece necesario inquirir qué será el mestizo como *estilo*. Con este término quiero significar, al mismo tiempo, más y menos que un «modo de ser»: me refiero al sesgo con el cual se inscribe el mestizo en lo que pasa (para no hablar de historia), o sea, algo así como su manera de apearse. (Porque —dicho sea de paso— andamos de a pie, o sea, tanteamos el terreno, somos —no nos queda más remedio que ser— duchos en el arte del tiento, del pálpito y la «tinca», del barrunto y de los rastros, y, a veces, para desdicha nuestra, de las rastras. Cierro paréntesis). Con «estilo», en fin, me refiero a los rasgos con el mestizo garabatea y rubrica ese pasar. El estilo del mestizo sería algo así como su firma, su signatura, su atribución de nombre. Pero un nombre sucio, borroneado. Debe recordarse que el mestizo, así como arroja su sombra sobre el origen, desvirtúa también el nombre, lo sume en la mezcolanza.

Trataré de bosquejar ese estilo aludiendo a dos dimensiones suyas, a dos relaciones que en él se dan: con la lengua y con el habitar. Comentarlas por separado es artificial. Un vínculo esencial las enlaza: téngase esto presente en lo sucesivo.

Sobre la lengua

Parece que esto podría decirse con fuerza de evidencia: nuestra lengua es mestiza; las palabras que hablamos nacen y se multiplican por cruces y por cruzas. América Latina es un continente cruzado de sintaxis, y el castellano es, por lo pronto, el denominador común de un cúmulo de astillas o, mejor, de un proceso continuo de fragmentaciones y constelaciones de la lengua.

Y, en este sentido, creo que nuestra experiencia primaria de la lengua es una experiencia de desposeimiento, de expropiación. Que siempre media una distancia entre «nosotros» (y quisiera repasar esas comillas), una distancia entre «nosotros» y las palabras que proferimos, que hablar, para nosotros, es traducir. La traducción, sin embargo, se entiende habitualmente como la traslación de un sentido desde un sistema de signos a otro. Pero en nuestro caso, falta el sistema *desde* el cual se traduce —no tenemos lengua *propia*. En esta medida, se desbarata el control del sentido, que mide la fidelidad de la traducción. Al traducir, o sea, al hablar, en buenas cuentas inventamos el sentido, es decir, estamos forzados a inventar la relación de un sentido pre-establecido, azaroso, impredecible, a unos signos ajenos. Forzados a inventar y esperar. Es como tener que partir siempre de nuevo, *ex nihilo*, como producir por primera vez la palabra que decimos y que nos dice. Al traducir —al hablar— estamos realizando, a la vez que apuestas de sentido, bocetos de una lengua en que pudiésemos hallarnos.[5]

Pero pienso que no hay mejor manera de hacer más patente lo que trato de decir que leer un relato que recoge Borges en *Cuentos breves y extraordinarios*, una recopilación producida por él y Bioy Casares. El relato tiene por título «Polemistas»:

---

[5] Acaso sea esto lo que tenemos, como nuestra reconocida peculiaridad, de poéticos, lo que —según se ha dicho más de una vez— nos destina a la poesía (o, en general, a la literatura) como a nuestro «pensar». Claro que con indicar la significación decisiva que evidentemente posee lo literario y lo poético en Latinoamérica —y que no se reduce a lo que llamamos la «cultura», ni se limita a ser la «expresión» de una cierta élite intelectual, y ni siquiera permanece restringido al espacio formal y genérico que se reconoce bajo esos apelativos— se avanza todavía muy poco. Tendría que entenderse lo *poético* como lo poiético, como una productividad— es decir, una traductividad de nombre, de nombres: *onomatopoiesis*. Las lenguas que nos cruzan en el movimiento insuprimible del traducir son de índole onomatopéyica. Pero argüir este punto —que supone pensar a la traducción como onomatopeya, y viceversa— demandaría un espacio distinto. (Sobre esto, v. mi ensayo «Traición, tu nombre es mujer», en : Olga Grau (ed.), *Ver desde la mujer*, Santiago: Ed. Cuarto Propio, 1992, pp. 143 -156).

Varios gauchos en la pulpería conversan sobre temas de escritura y fonética. El santiagueño Albarracín no sabe leer ni escribir, pero supone que Cabrera ignora su analfabetismo: afirma que la palabra trara (trípode de hierro para la pava del mate) no puede escribirse. Crisanto Cabrera, también analfabeto, sostiene que todo lo que se habla puede ser escrito. «Pago la copa para todos» le dice el santiagueño «si escribe trara». «Se la juego» contesta Cabrera: saca el cuchillo y con la punta traza unos garabatos en el piso de tierra. De atrás se asoma el viejo Alvarez, mira el suelo y sentencia: «clarito, trara».[6]

En otro sitio propuse la noción de lo ladino para dar cuenta de la relación de que hablo, y jugar a sustituir el nombre de Latinoamérica por el de América Ladina.[7] Me parece rico en insinuaciones el hecho de que la palabra «ladino» venga del latín *latinus* y comience su historia semántica ya en el protoespañol. De hecho, es su nombre, puesto que originalmente designó al castellano antiguo, a la lengua romance, por oposición a la arábiga, pero también a diferencia del latín. En un sentido preciso, «ladino» es algo más que un término hallable en el tesoro de la lengua, como joya o baratija, y en todo caso como algo dado: es la lengua misma, como otra lengua, como cambio de lengua, de tono, ritmo y pronunciación. Porta la huella de la transformación complejísima de las formas regionales del latín en los rudimentos de las len-

---

[6] Jorge Luis Borges y Adolfo Bioy Casares, *Cuentos breves y extraordinarios* (Antología), Buenos Aires: Santiago Rueda Ed., 1967, p. 68. Ricardo Piglia refinge o refiere esta historia (que Borges y Bioy dicen haber tomado de un libro de Luis L. Antuñano) en su novela *Respiración artificial*, Buenos Aires: Pomaire, 1980, p. 178. Debo la atención a este fragmento a mi amigo Gonzalo Catalán, y la atención a la novela de Piglia a mi amigo, ex-alumno, Adán Méndez.

[7] «Propuse», digo, pero en verdad sólo fue una ladina interpolación, un señuelo. V. «La polémica de lo 'moderno' y lo 'postmoderno» (título original: «Sufijos, prefijos y el fin de la historia»), en: *Revista Universitaria* (XX:38-41), y también «Ser ladino», entrevista que me hizo Claudia Donoso (*Apsi*, 211: 59-60). Ambas publicaciones son de 1987.

guas románicas, una mutación que tiene sus documentos primerizos en los siglos IX y X d.C. Como nombre de un proceso de alteración e inventiva fonética, morfológica y lexical, desde el principio se hizo apto para designar las operaciones —esencialmente secretas— de transferencia y apropiación lingüística, de traducción. Así, «ladino» designó al moro que sabía hablar romance, y luego al judío, y a la lengua mestiza judeoespañola; esta última denominación, como se sabe, es todavía vigente. Significó, entonces, por extensión, a alguien que es hábil en hablar otras lenguas además de la propia, y, avanzada la Conquista, en América Central —por ejemplo en Guatemala— fue el nombre que se dio al mestizo que, desarraigado de las voces y nombres propios de su ancestro indígena, sólo hablaba español. No puede sorprender que la acepción figurada del término sea advertido, astuto, sagaz, taimado.

Brevemente tomo estas últimas dos ideas, para sugerir la efigie del ladino.

El ladino, pues, es un astuto. Su astucia, sin embargo, no es una sagacidad mediante la cual se obtengan beneficios de plusvalía, sino los elementales para sobrevivir, para tenerse en pie, o a medio caer. El ladino es táctico; en él, el estilo no es elegancia, sino una táctica; siempre local, siempre urgido, no tiene ni la holganza requerida ni la atalaya suficiente para hacerse de una mirada abarcadora y trazar desde ella una estrategia, un programa general de sus movimientos. Sólo le preocupa el mantenerse en desplazamiento: lo que hace son «movidas». Por cierto, jamás funda nada. Su saber es un saber acerca de la inanidad —lo provisional— de todo fundamento; pero tampoco comete la imprudencia de hacer de ello una declaración de principios. Sólo mueve y desplaza lo dado, se procura pequeñas tramas aleatorias, a fin de hallarse, aunque sea un poco, en su localidad.

---

[8] O suscintamente: lo ladino es, sin más, la traducción.

En segundo término, el ladino es taimado. Desde los discursos enfáticos de la identidad o la diferencia, se ha insistido mucho en la índole de *resistencia* que caracteriza lo latinoamericano, o que debería constituirse en su imperativo esencial: una lúcida voluntad de autoafirmación que se atrinchera, y que aún puede, desde su irreductible tenacidad, poner en jaque al poder impuesto. (Nos vivimos, de hecho, como invadidos, siempre nuevamente conquistados.) Uno no quisiera renunciar a esa dureza, ni aun a la algidez de su afán de conflicto —tantas veces, no más que el último ademán de defensa propia. Pero también parece indispensable marcar frente a ella la *reticencia*: el taimo, el silencio, el desposeimiento. (Para el ladino todo extranjero es un «gringo».) El silencio del ladino es como su arte de seducción por respuesta a la conquista, y como reserva interminable a verse resuelto en lo pintoresco, lo exótico, lo patético.

La reticencia, en efecto, es reserva. Y muchas veces las reservas son del género acumulativo; particularmente enjundiosas cuando lo que uno se reserva es la «parte del león». Así, se puede reservar *algo*, por ejemplo, un saber, que siempre es, ante todo, un saber de sí, lo que uno querría llamar un principio de capitalización; pero también se puede reservar meramente la reserva, esto es, abrir dentro de sí un hueco en que algo pueda advenir, por ejemplo, «uno mismo», o más bien su nombre. Inversamente al sentido sustantivo de la palabra, esta clase de reserva no sabe de sí. A ella me refiero cuando hablo de la reticencia del ladino. Y si cabe que nosotros seamos tales ladinos, entonces nuestro «nosotros», reservado en la reticencia, cobra su carácter literal de pronombre. El pronombre es una palabra que hace las veces del nombre, que lo sustituye. Si se lo toma a la letra, acusa, en esa misma medida, una falta de nombres. Es, creo, lo que pasa con nosotros. Nuestro nosotros pro-nominal es el anticipo de un nombre que falta y la onomatopeya de la falta misma. («América sin nombre», decía Neruda, es decir, digo, América pronominal.) Lo ladino es una táctica del nombre propio. Una táctica: una operación de desplazamiento, «movidas» de nombres. Vivimos revistiéndonos de otros nombres como disfraces, en un juego de recubrimientos, al que se alude con frecuencia cuando se acusa —para bien o para mal— esa pasión nuestra de lo postizo, del pastiche.

Me he demorado mucho en la lengua. Paso ahora rápidamente al habitar.

Tomo, para hacerlo, una insinuación de mi amigo y alumno Luis Rondanelli, que mencionaba en un texto[9], precisamente a propósito de la cuestión de lo latinoamericano y entre varias otras cosas, el motivo de la mudanza: el paquete o bulto del vagamundos, del viajero (del conquistador o del colonizador, por ejemplo), que carga con su memoria como con pertrechos de existencia. Sería atinado también evocar el comienzo, la escena inicial de *El Siglo de las Luces* de Alejo Carpentier, escena de la descarga de los implementos con que los europeos recién llegados esperan armar mundo. Es atinado evocar ese comienzo, como pienso que es certera la imagen del bulto, y su notorio vínculo con el paradigma de la mudanza. Acaso ésta pudiera ser una suerte de indicio y huella —del esquivo y supuesto «ser» latinoamericano o, mirado todavía más cercanamente, de aquello que podría denominarse, con alguna pedantería que me apresuro a reconocer, su ser-en-el-espacio, su ser-como-espacio; si se quiere, en fin, el estilo nuestro. La mudanza, entonces: llevar la casa a cuestas, o tras de sí, en carretas o carretelas o vehículos más aggiornados; llevar (lo decía recién) la memoria como pila de bártulos y pertrechos o, quizá, menos que la memoria misma (porque sería eso lo primero que se pierde en el camino), un *vademecum*, una ayuda-memoria. Si se piensa en el tema de la fundación, se verá que este detalle, este gesto regularmente omitido desdibuja su aspecto solemne, su es-

[9] L. Rondanelli, «Utropía Chilena», Tesis de Licenciatura en Teoría e Historia del Arte, Universidad de Chile, 1988.

fumado de pintura de género: la fundación supone detenerse, desembarazarse de la carga y depositarla en el suelo, antes de proclamar, en medio del polvo que todavía se levanta, «aquí», «sea».

Mudanza, entonces, de los fundadores, mudanza de los conquistadores y los conquistados, aventura y extravío, mudanzas voluntarias o forzadas, tomas, erradicaciones y lanzamientos (como si lo «propio» sólo lo tuviésemos en arriendo o de prestado, o se nos deparase el ser allegados siempre), grandes mudanzas vocingleras, y pequeñas y discretas mudanzas diarias en el espacio, por ejemplo, menos o más inhóspito de nuestras ciudades. ¿Errancia o nomadismo, quizá? No sé. Soy reticente en el uso de tales términos altisonantes de que echan mano muy a menudo tantos sabihondos de nuestras latitudes. De cualquier modo, y si a ustedes les parece, habrá que tener cautela de no confundir la mudanza con el caso del caracol que, según dice el dicho que repetimos a nuestros niños, «va con su casa a cuestas», porque nuestro caso es quizá más precario: los bártulos y pertrechos suelen caerse en el camino, y entonces se convierten en una especie de metáfora inexacta de la estela caracolina, una estela de cosas caídas. Y el ángulo de esta mirada que esbozo ahora tendría que ser sesgado también en modo histórico: se trataría, entonces, y también, de una mudanza histórica, algo así como nuestro ser-en-el-tiempo (dicho sea esto para consumar la pedantería). También será, pues, una historia como estela de cosas caídas, o como estela de caídas, a secas —o sobre mojado—. Cosas caídas que otros, ulteriores, llevados al cruce por el azar de sus propios itinerarios, recogerán a su turno, para tramarlas en otros usos y desusos, caídas y cosas que parecieran haber sido tramadas ya, como si proviniesen de un pasado inminente. De ahí que no podría resultarnos extraña la mención del abigarramiento, el barroquismo, la superposición y el pastiche, que —ya lo decía— se acostumbra a hacer cuando se quiere dar cuenta de lo distintivo nuestro.

¿Qué habitar hay en la mudanza? Se presupone que el habitar está siempre referido a un mundo, que habitar es, en su esencia indiscernible, habitar-mundo. Pero en la mudanza, por mucho que esté —como lo está— remitida a él, no se da propiamente mundo. ¿Se da tal vez lo salvaje? Tampoco, no propiamente. Más bien se da en ella, a primera vista, la evanescencia de un mundo —el que se deja— y la expectativa, pero también el terminable diferimiento de otro. Es —ella— un lapso, un intersticio, un interregno y un entremundos, suspendida en el vértigo de la posibilidad y de lo inhóspito.

Es todo.

O permítaseme quizá, todavía, echar una rápida mirada a lo dicho.

No voy a negar que mi reflexión pareciera rematar en una paradoja — «habitamos lo inhóspito» sería su enunciado en breve—, y que esto resulta doblemente paradójico en un discurso que fue inaugurado bajo la enseña de lo lógico. Pero como ocurre con toda paradoja, importa menos enjuiciar a ésta desde la perspectiva de la validez o la consistencia lógica, que considerar hasta qué punto posee algún vigor de sugerencia. Para prestarle a ésta un mínimo perfil, me permito retomar el asunto del mestizaje, darle todavía una vuelta más, ahora por el lado que dejamos de mano: el biológico, racial, el lado genético, que es precisamente el menos manejable. Ese lado permite advertir en la mezcla algo más que la sola mezcla: el hecho de que ella misma permanece por siempre latente, que es recesiva. El efecto cardinal de la mezcla es, ciertamente, un efecto de retorno, un retorno de lo recesivo. Suena esto a freudismo, a retorno de lo reprimido, y quizá no sea descabellado pensar que la genética podría ser descrita como una ciencia del inconsciente orgánico. Retorna lo recesivo como retorna lo reprimido, entonces. Se sabe que lo reprimido no es sino lo familiar que sucumbió al olvido, aquello en que alguna vez nos sentimos apatriados (pero eso, y ese mismo sentimiento, es sólo fantasma), y que ahora, habida la eficacia tremenda de la represión, sólo puede volver bajo el aspecto desazonador de lo no familiar, lo siniestro, *das Unheimliche*. ¿Y nosotros? ¿Acaso habitamos lo *Unheimliche*, lo inhóspito? «Nosotros» habitamos el retorno. [10]

El retorno.

---

[10] Ultima seña: apunto hacia un poema *unheimlich* de Gabriela Mistral: *El regreso*. Su estrofa final: «Y baldíos regresamos, /¡tan rendidos y sin logro!, /balbuceando nombres de «pátinas»/ a las que nunca arribamos.» (G. Mistral, *Poesías completas*, ed. Margaret Bates, Madrid: Aguilar, 1968, p. 745.) Patricio Marchant escribió un ensayo admirable cuyo epígrafe y tema de pensamiento es ese poema («'Atópicos', 'etc.' e 'indios espirituales'. Nota sobre el racismo espiritual europeo», 1989): «Este poema, su contenido que nos habla de un viaje que no ha tenido lugar, que, falso movimiento, niega, desmiente su título *El Regreso*, ¿sería el gran poema mistraliano?» Quisiera vincular en diálogo el texto que aquí termina con el de Marchant —ninguno de nosotros dos conoció el texto del otro *a tiempo*—, de tal suerte que se lo pudiese considerar, al menos en parte, como otro comentario a ese «gran poema».— (*Addendum*: en 1995, con ocasión del ciclo de homenaje a Gabriela Mistral en la Facultad de Filosofía y Humanidades de la Universidad de Chile volví sobre este asunto, en mi conferencia «Regreso y derrota», que aún está inédita).

RITUALES DE DESEO
OTRA VEZ LA IDENTIDAD LATINOAMERICANA*

Margarita Schultz

1. El Asunto

La tradición de las estéticas sistemáticas, de las grandes epopeyas de lo bello como héroe protagonista, de la búsqueda de raigambre metafísica para los actos vinculados con la creación artística, ha dejado paso en nuestro siglo a estéticas más tramadas con las vicisitudes del arte (es un fenómeno, por otra parte, que atañe a vastos campos del conocimiento y la acción). Pienso en los manifiestos de las distintas vanguardias, en la tarea de los investigadores artísticos (estetas e historiadores) sobre situaciones y fenómenos concretos.

En este ejercicio asumido de reflexión estética sobre problemas concretos de la producción artística se percibe, en cada caso, una modificación de los campos semánticos correspondientes a las principales nociones de la disciplina. La noción tradicional de contemplación fue siendo reemplazada paulatinamente por la de recepción, el contemplador se transformó así en receptor. Se buscó con ello mostrar desde la palabra misma que había habido un cambio, producido en las actitudes a causa de los cambios históricos artísticos: el arte de participación de

---

* Las ideas contenidas en este trabajo fueron presentadas (como conferencia) en el 1er. Coloquio Latinoamericano de Estética y Crítica promovido por la Asociación Argentina de Estética. Buenos Aires. Noviembre de 1993.

los receptores (en plástica, teatro, literatura) no se avenía bien con la noción de contemplación que daba un perfil demasiado pasivo, según lo estimaron los teóricos de los años 60.

Este ejemplo introduce aquí la discusión de un tema protagonista dentro de la problemática del arte de Latinoamérica: el de la identidad del arte latinoamericano. Su protagonismo toca a nociones pilares de la reflexión estética (tanto las ideas tradicionales de creación y de recepción como la referente a la naturaleza de la obra de arte). También a otras menos tradicionales, como la de «circuitos artísticos". En verdad, todo problema planteado (sea en el dominio de la producción como en el teórico) remueve las estructuras epistemológicas del arte y obliga a una re-enunciación de los cuadros significativos.

Precisamente porque se lo viene debatiendo durante décadas, ese tema de la identidad en el arte latinoamericano, demuestra su vigencia de problema. Lo ideal, a mi modo de ver, es que pierda actualidad cuanto antes. Espero aclarar por qué en lo que sigue. Hablaré aquí de las «debilidades del arte».

¿Cuáles son esas debilidades del arte y qué tienen que ver con el asunto de la identidad del arte latinoamericano, con esos «rituales de deseo»?

La noción de «debilidad» está tomada aquí al menos en tres direcciones vinculadas: a) debilidad como inclinación, b) debilidad como fragilidad, c) debilidad como fortaleza, según el modo como Gianni Vattimo la caracteriza en *El pensamiento débil* (con las connotaciones que él le da a este pensamiento[1]. Las tres direcciones se combinan y complementan. Las debilidades del arte como producción, en Latinoamérica, provienen obviamente, no

---

[1] Ver Gianni Vattimo y Pier Aldo Rovatti: El Pensamiento Débil. Ed. Cátedra, Madrid, ed. 1988. Trad. Luis de Santiago.

de la falta de talentos y de artistas notables, sino de una falta de claridad respecto a la fisonomía de su destino (lo aludido en a) y b)).

¿Cómo comprender la noción de destino en este contexto? ¿Se trata, acaso, de cumplir con una meta escatológica, un valor extrahistórico? Ese destino aparece para algunos, como la recuperación del pasado nativo, la incorporación del arte a una ritualidad adherente (no simplemente figurada), para otros, como el logro de un imaginario y unas metodologías y tecnologías que estén al nivel de lo que se entiende por producción contemporánea de arte. Esas conceptuaciones envuelven, por cierto, ideas vinculadas a una epistemología de la producción artística. Pero raramente examinan de modo crítico la situación real, el rostro plural de Latinoamérica con su ayer y su hoy, con toda la historia de sucesivas inmigraciones voluntarias o forzadas (por ejemplo, la importación de la esclavitud negra) que la configuran. Habitualmente se hacen flamear utopías inconducentes. ¿Cómo no distinguir entre rituales auténticos (con sus componentes musicales, visuales, textuales) y rituales de deseo (donde acciones similares se realizan desde una plataforma intelectualizada)?

Hay quienes proponen con mayor perspectiva, en cambio, la asunción de una fisonomía no estática, que ha devenido mixta por la fuerza de los acontecimientos; se trataría, entonces, de asumir el estado de cosas histórico. Esas debilidades nacen, por otra parte, de una indefinición complementaria a propósito del arte de otros continentes productores de arte, concretamente, lo que Latinoamérica siente respecto del «hemisferio norte» en tanto categoría cultural, antes que geográfica. Estimo que esa falta de claridad se encuentra con mayor frecuencia en el dominio de los sujetos teóricos ligados al arte. Los artistas mismos, en general, realizan su producción con menos iniciativas teóricas respecto de ese tema.

Es inevitable destacar la dispersión de criterios sobre los puntos enunciados más arriba y lo que ello significa como influencia en la actividad creativa. Porque los artistas producen pero experimentan la necesidad, además, de formar parte de un circuito activo del arte. Salvo raras excepciones de artistas que crean su propia mitología de paisajes o bodegones en la intimidad de sus talleres, arriesgo decir que a la mayoría de los artistas o productores artísticos les interesa estar al día, exponer, ser aceptados por el mundo artístico, ser reconocidos en un discurso teórico y por sus pares. La actitud asumida a propósito del arte latinoamericano depende, en parte, de estas necesidades.

2. Sur es a norte como provincia a capital

La problemática esbozada hasta aquí se anuda en un nudo que parece gordiano. Se trata de las dificultades de la identidad en ciertos dominios socioculturales de Latinoamérica (una problemática que estimo de tipo intelectual, en sus motivaciones y en sus efectos); del sentimiento insoslayable de ser observadores, de estar viendo la corriente desde la orilla del río, en fin, se trata del tan abordado tema del centro y la periferia: un nudo difícil de desanudar.

La conexión de sentido de la producción artística que forman «Latinoamérica-Hemisferio Norte» aparece como un macro-modelo, como un tipo (type) * que habla en otras estructuras menores (token)*. El primer elemento de esta tríada, sobre el que se edifican los demás, sería la unidad yo-otro (tone)*, mi identidad y lo que me diferencia de otros. Con eso de las estructuras menores apunto a las análogas relaciones entre las provincias y las capitales. Por ejemplo, en Argentina, el arte del (llamado) «interior» respecto al arte de Buenos Aires, ¿interior de qué? se preguntan muchos; el arte de provincia en Chi-

---

* modelo semiótico de Peirce: type, token y tone.

le: lo que sucede, por ejemplo, con los artistas de la ciudad chilena Concepción en relación con Santiago, la capital. Me apoyo para esta comparación en el fenómeno Chile y Argentina, que conozco más de cerca. Pero es imaginable algo similar en Brasil, Uruguay, y otros países latinoamericanos cuyos procesos de evolución artística son semejantes. Las relaciones son análogas en más de un sentido, diferentes en otros.

Paso a concretar estas abstracciones iniciales. La mentada situación macromodelo es a mi entender la siguiente: el arte latinoamericano, sobre todo en el nivel reflexivo, lleva largas décadas tratando de definir su «identidad». Es pertinente recordar aquí el inicio del ensayo de Juan Acha «Hacia un pensamiento visual independiente» (publicado en 1991 en *Hacia una Teoría Americana del Arte* [2]). «El problema quizá más importante que actualmente enfrentan las artes visuales de nuestra América es la falta de un pensamiento visual autónomo que las nutra y las renueve. Porque esta autonomía tiene que ser el obligado primer paso de nuestros esfuerzos de independencia artística, de la consiguiente autodeterminación estética».

Persiste la preocupación por diferenciarse de las influencias del arte europeo y estadounidense, denominado del «Hemisferio Norte». Aun cuando la preocupación tenga bases legítimas se expresa en actitudes reactivas. ¿Cómo buscar la especificidad si se piensa como sancionada a partir de lo «otro» y a la vez como «carenciada» de lo «otro»? Al mismo tiempo se experimenta una variable permeabilidad a las influencias.

En el largo proceso de autognosis se han estudiado las transformaciones del arte latinoamericano a partir de categorías epistemológicas diversas. Estas categorías en-

---

[2] Juan Acha, Adolfo Colombres, Ticio Escobar: *Hacia una Teoría Americana del Arte*. Ediciones del Sol, Buenos Aires, 1991.

vuelven, normalmente, la referencia al arte del hemisferio norte.

Por ejemplo:

1) Indigenismo-criollismo-costumbrismo.
Indagación de identidad desde la diferenciación de lo temático literario, es decir, desde lo que no es específicamente estético. Se dio una época de pintura «a la europea» en sus medios expresivos, pero con temas vernáculos. Junto a los ejemplos de artistas del continente, son interesantes (S.XIX) los de Monvoisin, o del alemán Rugendas quien realizó pintura costumbrista en Argentina, Chile y Brasil. Plantean, asimismo, un asunto de identidad: su mirada, sus interpretaciones, siguieron siendo siempre importadas, aun con las coordenadas de época. Los personajes populares, como los de la serie del estanciero argentino, los huasos chilenos o los indígenas en la selva amazónica, son sobre todo conceptuales, refinados, inverosímiles, con independencia de los valores documentales sobre vestuario y de su alcance teórico-pictórico. Algo similar ha ocurrido con la obra de los artistas latinoamericanos de la época.

2) Europeísmo (situado entre fines del XIX y primeras décadas del XX): representado en el sur de América, principalmente por Francia, lo que dio, a su vez, la categoría del «afrancesamiento en la pintura»[3]. París era considerada «la ciudad de ensueño». Artistas-plásticos chilenos, ar-

---

[3] La presencia de la cultura francesa es definida, por ejemplo, en el Facundo de Sarmiento. Allí, opone el liberalismo francés y el catolicismo español radicados, respectivamente, en Buenos Aires y Córdoba. En el capítulo VI, apartado titulado «Buenos Aires», escribe: «No sé si en América se presenta un fenómeno igual a éste; es decir los dos partidos, retrógrado y revolucionario, conservador y progresista, respresentados altamente cada uno por una ciudad civilizada de diverso modo, alimentándose cada una de ideas extraídas de dos fuentes distintas: Córdoba, de la España, los Concilios, los comentadores, el Digesto; Buenos Aires, de Bentham, Rousseau, Montesquieu y la literatura francesa entera».
Domingo Faustino Sarmiento: Facundo.Civilización y barbarie. EUDEBA, 1961.

gentinos, uruguayos... viajaron a Europa y se formaron con maestros de la pintura francesa. Buenos Aires tuvo su época fuerte de ciudad afrancesada, de la que quedan múltiples testimonios en su arquitectura. El tango, como expresión artística, por su parte, expone el rasgo de un modo peculiar: el afrancesamiento va casi siempre de la mano con la perdición. La muchachita buena del percal se transforma en la mina del lamé, el champán se desborda en las orgías y aparece en las letras de tango, simbólicamente, en las barras de los bares porteños de arrabal, es el caso de: «...eche mozo, nomás, écheme y llene, hasta el borde la copa de champán...».

Ese fenómeno de la influencia de lo francés se dio asimismo en Chile. También en Santiago, su capital, hay testimonios sobrados de arquitectura «a la francesa» y se habla todavía con pesar del afrancesamiento en la pintura de una época en que una generación de artistas chilenos viajó a París a perfeccionarse.

Uno de los problemas que han afrontado nuestros países sudamericanos, es el relativo a la constitución de su identidad más de un siglo después de las gestas de Independencia (primeras décadas del siglo XX); y, como si los ríos de la historia hubieran estado secos bajo los puentes, en cierto sentido, se vive todavía. Se trata de un conflicto de mesticismo, de confrontación con las culturas del hemisferio norte y de la aspiración a ser un poco como ellas.

Esta problemática fue trama para los artistas chilenos del Grupo Montparnasse*. La urdimbre fue el encuentro/desencuentro entre los preceptos y normativas de un academicismo tradicionalista y el hallazgo de algo importante: la libertad, descubierta en el hemisferio

---

* El nombre «Montparnasse» surgió en una casa de remates Rivas y Calvo, en una primera exposición, octubre de 1923. Integrantes de esa exposición fueron: Manuel y Julio Ortiz de Zárate, Luis Vargas Rosas, Henriette Petit, José Perotti.

LIBRARY OF DAVIDSON COLLEGE

norte, en el espacio generado por la cultura europea de comienzos de siglo. Muchos jóvenes artistas franceses, así como jóvenes artistas plásticos llegados a París desde diversos países, buscaban esa libertad de creación, contrapuesta, sobre todo, a los principios de la Academia. «Academia» pasó a ser sinónimo y síntoma de conservadurismo artístico.

Precisamente el teórico Juan Acha escribe, en el ensayo citado, acerca de la mentalidad «colonial» y su connatural avidez de imitar superficialmente lo foráneo: «...porque lo malo no estriba en imitar ni importar, como sabemos, sino en el sentido colonial con que imitamos e importamos." A mi juicio, la estructuración histórica de la búsqueda de identidad da la razón a este punto de vista.

3) Cosmopolitismo como recepción y versión más o menos elaborada de los sucesivos «ismos» de la creatividad artística del hemisferio norte: cubismo, informalismo, geometrismo, conceptualismo, entre otros. Hacia fines del 50 se advierte una intensificación receptiva de las comunidades artísticas (especialmente en el cono sur) en cuanto a las influencias más diversas. Coexisten modos y estilos, tendencias y movimientos. Esta categoría epistémica se extendió de diverso modo según sus intérpretes. La investigadora Marta Traba hablaba de «dos décadas vulnerables en las artes plásticas latinoamericanas: desde el 50 al 70». Criticaba la adopción de vanguardias en una vorágine de «actualismo». El escritor Jean Emar, por los años 20 usó para ello el término «snobismo».

4) «Mesticismo», búsqueda de las raíces americanas desde una plataforma consciente del camino andado. Propongo este término, tal vez ya empleado por otros, para denominar la investigación de identidad desde una cierta sensatez (el mesticismo quiere salvar las razones del sentido común). Este «mesticismo» sería coincidente

con los planteos de la posmodernidad. Acepta y promueve el eclecticismo ante la imposibilidad de los artistas latinoamericanos, involucrados en el asunto, de ser efectivamente Europa y/o Estados Unidos o efectivamente pura América aborigen.

Hay un distanciamiento que estimo insalvable entre el ona o el guaycurú que pinta su cuerpo según mandatos rituales asumiendo entidades míticas y el artista contemporáneo que realiza pintura corporal como un acto de body-art, o desde el planteo de una exposición como «Cuerpos Pintados», o aun más, desde una ilusionada recuperación del pasado arte aborigen. Jean Emar escribió*: «Si hoy día, en pleno 1923, instalo en mi casa un taller para la fabricación de choapinos, ídolos, lamas, etc., copiando originales e introduciendo sobre los que haga las variantes que mi fantasía indique, soy un continuador de la forma araucana, sigo una tradición muerta. (...) Y no sabré jamás ponerme en el punto, para mí incógnito, desde el cual el mundo que me rodea se exprese «únicamente» como los araucanos lo expresaron».

El arte de pesquisa de orígenes no puede ser sino metalenguaje en la producción de los artistas «intelectuales» de la América actual. Por ejemplo, cuando la chilena Tatiana Alamos configura una «animita» con textiles, produce un «fetiche» o incorpora una máscara en sus ensamblados, lo hace desde su voluntad de acercamiento y reconocimiento de los objetos iniciales inmediatos, con un sentimiento de lo americano muy fuerte. Pero su ritualidad es una 'voluntad de ritualidad' y está teñida de un esteticismo elaborado desde su cultura, pese a todo. Lo suyo es una «mediación» que puede denominarse «de segundo grado» (animitas, fetiches, máscaras de la religiosidad popular, serían mediaciones de primer grado).

---

* «Algo sobre pintura moderna», en Jean Emar. *Escritos de Arte*. Recopilación Patricio Lizama. Dirección de Bibliotecas. Archivos y Museos. 1992.

El mesticismo reconoce las diferencias, admite y adopta conscientemente las confluencias culturales. Pero ¿cuáles son los límites de su conceptuación?

3. La noción de lo mestizo

América mestiza, una denominación al parecer instaurada por Simón Bolívar, ya se presentaba como paradójica y contradictoria desde sus comienzos. Huamán Poma, en sus crónicas del S. XVII hizo una distribución: los españoles a España, los negros al Africa, los aborígenes americanos en América. No hay lugar para el mestizo, no tiene historia ni espacio propios. Esta crisis de identidad iniciada con la situación social de zambos, mulatos, gauchos, se arrastra hasta hoy: perdura en verdad una búsqueda desesperada de identidad. La problemática reiterada de la identidad del arte latinoamericano no queda al margen de esa tradición.

Frente a las seductoras olas de tendencias artísticas provenientes del Hemisferio Norte (cuyos ismos se han sucedido desde fines del XIX y durante el XX, como he mencionado) se ha desarrollado una actitud en sí misma ecléctica. Casi se podría decir: mestiza. Se trata en primer término de la adopción, elaborada por cierto, de esas tendencias «descendientes» (de norte a sur); en segundo lugar, de la objeción (en el sentido de renegar de copias y adopciones) y de una tercera actitud, lateral a la segunda, cuyos rasgos paradójicos trataré de formular[4]. Lo paradójico no radica en el eclecticismo en el arte de este continente, sino en la búsqueda local de reconocimiento por parte de un mundo (el del Norte) al que paralelamente se critica su carácter impositivo paternalista [5].

---

[4] Tucumán, en el norte de Argentina, debió, tal vez, adoptar el techo de tejas con inclinación como una forma razonable para la zona en lugar del techo de hormigón plano, de origen corbuseriano, tajantemente inadaptado a la media anual de lluvias.

[5] En este orden de discusión me parece más franca la posición de Jorge

Aquí es donde trazo una analogía y creo que funciona la relación token-type. He tenido la experiencia directa en contacto con teóricos y artistas de Tucumán, Argentina, en su posición reflexionante[6]. Ellos tienen una vivencia similar respecto a la figura de Buenos Aires . En este ejemplo se da una inversión «cardinal» de la mentada relación «norte/sur» porque el «norte» conceptual, en este micro-modelo, está al sur de Tucumán). Su posición es también paradójica. ¿Cuál es esa estructura análoga? Brevemente: por un lado, objetar el paternalismo porteño, su manera etnocéntrica[7] de juzgar el fenómeno del arte argentino como si todo comenzara y concluyera en Buenos Aires; criticar el desconocimiento sistemático, por parte del «centro-Buenos Aires» de lo que sucede con el arte de las provincias, salvo algunas excepciones. ¿Cuántas «Historias del Arte Argentino» o «Historias del Arte Chileno» se circunscriben a las respectivas capitales? Buenos Aires o Santiago de Chile, en esta comparación, exportan modelos que se asumen en provincias y los artistas de provincias padecen la necesidad imperiosa de un reconocimiento, en principio, en Buenos Aires, o en Santiago, para sentir que se define su identidad, que se consagra su arte...

Glusberg en Conversaciones sobre las Artes Visuales, Respuestas a Horacio de Dios. Emecé Editores, Buenos Aires, 1992. Ante la pregunta: ¿Qué tenía de malo Soldi? Es un valor de mercado, sus telas se pagan muy bien; y tuvo mucho éxito en la retrospectiva de 1988 en el Museo de Arte Decorativo ... responde Glusberg: «Son consagraciones locales y pienso que un artista debe estar en el mundo y no dentro de los límites de nuestras fronteras. Soldi nunca salió —ni saldrá— con sus pinturas fuera de la Argentina».

[6] Con motivo de un curso sobre Espistemología de la Historia del Arte dictado en la Facultad de Artes de la Universidad Nacional de Tucumán, los asistentes al curso realizaron ensayos de crítica epistemológica de obras de Historia del Arte argentino.

[7] El problema del etnocentrismo toca profundamente el tema de la identidad; sobrepasa, como es imaginable, las fronteras conceptuales de las nacionalidades. Para un análisis de los rasgos del etnocentrismo ver: Dominique Perrot y Roy Preiswerk: *Etnocentrismo e Historia*. Ed. Nueva Imagen, México, ed. 1979. Trad. Eva Grosser Lerner.

Reencontramos así el tema del centro y la periferia, a propósito del problema de la identidad, porque la historia del arte en América Latina ha transitado por una necesidad de reconocimiento europeo y, recientemente, estadounidense (pocas veces admitida explícitamente). La consagración ansiada por quienes, por otra parte, hablan del deseo de sacudirse la montura de ese norte, es exponer sus obras en el hemisferio norte.

Pero sucede que la palabra toca la cosa, no la sobrevuela. Las artes visuales están abiertas entonces a la actitud de los críticos, los que se mueven en el canal de la palabra. Asimismo, el vocabulario empleado por los investigadores artísticos está tramado en la fuerte trama de la teoría y la estética de la tradición europeo-estadounidense. ¿Cómo desvincularse de la circulación internacional de los conceptos? ¿Qué clase de encierro puede acarrear la persecución de una identidad «purista»?

Las características de esta situación paradójica se parecen a las de otras marginalidades, por ejemplo, la de la identidad de la mujer que busca diferenciarse y conquistarse y para ello sale de su eje y reclama ser reconocida por el varón [8].

4. Un ejemplo de arrabal: el yo y el otro

Un reportaje de la investigadora chilena Ximena Narea, directora de la revista *Heterogénesis* (publicada en Lund, en castellano y sueco), aparecido en septiembre de 1993, habla de la creación de un parque de instalaciones por parte de un jubilado argentino (Joaquín Alonso) en «la periferia de la periferia». (Una pequeña población de la Patagonia, llamada Gaimán). Las instalaciones consisten, por ejemplo, en un Citroën sacado de circulación, calificado como «el único autoantisida del mundo (o no)», de

---

[8] Sobre este punto ver, por ejemplo, *Las Mujeres en la Imaginación Colectiva*, Ana María Fernández, compiladora, ed. Paidós, Buenos Aires, 1992.

unas herramientas apoyadas contra la pared y destacadas por un letrero (que los teóricos califican como un ready-made). El parque se llama «El Desafío» y en él su realizador desafía al mundo. En uno de esos letreros dice «Nunca nadie hizo tanto con tan poco». El profesor Göran Sonesson, del Instituto de Ciencias Estéticas de la Universidad de Lund, propone que Alonso no crea para Gaimán, ese público no está en el centro de un modernismo que se critica, sino en la periferia; no puede comprenderlo desde el imprescindible metalenguaje. Alonso llega a Lund en una exposición fotográfica de Juan Carlos Peirone y allí es estimado por quienes están «en las comillas del metalenguaje». «El Desafío" es una estructura que mira hacia afuera (¿será porque está en el interior?), no es autorreferente sino, una vez más, reactiva. «Vean lo que puede un jubilado» es más o menos lo que se plantea. Representa la falta de autonomía de la periferia respecto del centro. Aun cuando, piensan los investigadores, ha descubierto, prácticamente solo, rasgos conceptuales de la modernidad y es, a su modo, un Duchamp criollo, no ha estado fuera del circuito de la cultura del «Hemisferio Norte».

A mi modo de ver, la periferia no puede constituirse en centro, en identidad de alguna clase, si se intenta construirla sobre la base de la mirada del otro, una mirada que le da el ser. En esa actitud general a la que aludo hay una inmadurez, algo de infantil inseguridad. Como cuando un niño grita a los adultos —¡miren cómo me columpio, miren cómo nado...!—, etc. La pesquisa de identidad se apoya en una necesidad de reconocimiento (Fukuyama. *El Fin de la Historia*). Pero la identidad no puede ser dependiente estructuralmente.

Por otra parte, ¿qué clase de identidad es esa que debe construirse a fuerza de pensarla? ¿Hasta cuándo estará el arte latinoamericano esperando la mirada del «otro» y sus teóricos objetando esa mirada y el descenso de influencias? ¿Es éste un problema coyuntural o es endémico? Notemos, por ejemplo, que ya Esteban

Echeverría (1805-1851: Generación del 37) en uno de los Discursos en el Salón Literario de Marcos Sastre que funcionaba en San Telmo, Buenos Aires, buscaba la identidad y detectaba el eclecticismo.

«¿Se cree acaso que la ciencia consiste en leer mucho y saber traer a cuenta un texto o una cita?/.../ El verdadero ingenio no es erudito ni pedante; hace, sí, uso de la erudición para robustecerse y agrandarse, pero no suicida su inteligencia convirtiéndose en órgano mecánico de opiniones ajenas. Nuestros sabios, señores, han estudiado mucho, pero yo busco en vano un sistema filosófico, parto en busca de la razón argentina y no la encuentro; busco una literatura original, expresión brillante y animada de nuestra vida social y no la encuentro.

Todo el saber e ilustración que poseemos no nos pertenece; es un fondo, si se quiere, pero no constituye una riqueza real, adquirida con el sudor de nuestro rostro, sino debida a la generosidad extranjera. Es una vestidura hecha de pedazos diferentes y de distinto color, con la cual apenas podemos cubrir nuestra miserable desnudez».

Gran parte de los latinoamericanos practicantes del oficio cultural experimentamos el desconcierto originado por una noción que parece coyuntural y es, en verdad, estructural (recordemos las palabras de Echeverría de hace más de 150 años). Se trata de un modo de estar y no estar en nuestra tierra, ciudadanos de dos mundos. América buscándose continuamente, desde la intención detectivesca de sus intelectuales , con un sesgo romántico a veces, beligerante, otras, pero siempre a la zaga de no se sabe qué. La América precolombina era convexa, luego se transformó en lo que llamaré «América uteral», receptora constante. El desarraigo puede ser sentimiento propicio para la creación y el espíritu crítico (y lo ha sido en la creación de los cientos de artistas emigrados de los distintos países del planeta), pero su gran riesgo es el del inconformismo permanente.

5. Identidad del arte y descubrimiento

La búsqueda de identidad es una inclinación legítima pero no puede forzarse, es más bien un descubrimiento. Quiero citar, por la calidad de su sentimiento y de su formulación, las palabras de una de las más destacadas artistas chilenas, la escultora Marta Colvin, formada en Chile y posteriormente discípula de Henry Moore, de Ossip Zadkine y de Henri Laurens. A propósito de esta discusión expresó que ella hizo su «descubrimiento de América» al regreso de su primer viaje a Europa: «El pequeño avión en que viajaba a Machu Pichu tuvo un desperfecto. Estábamos en plena pampa nortina, me puse a caminar, al alba y encontré el desierto de sal. Comencé a caminar, a pisar esa tierra crujiente y vasta que sonaba bajo mis zapatos. Y me dije: pensar que yo estoy aprendiendo, estudiando allá a los maestros en Europa, y esto es lo mío. Yo pertenezco a este Continente. Esto soy yo y tengo que tratar de expresarlo, expresar este único desierto de sal. Nací como artista americana en ese momento»[9].

6. La tercera debilidad: el arte como fortaleza

Es aquí donde veo una relación con Gianni Vattimo y su caracterización del pensamiento débil. El problema de la identidad puede leerse como un problema de «metarrelatos». Pero el arte no impone un metarrelato, sino una interpretación; el arte es hermenéutica de la realidad (objetiva y subjetiva o simplemente subjetivizada). Por ello la historia de las vicisitudes del arte pasado y presente en Latinoamérica (y las nociones consiguientes de la estética que están involucradas) no debería plantearse como una antiutopía o como la utopía de lo que no debió ser.

---

[9] Margarita Schultz: *La obra escultórica de Marta Colvin*. Editorial Hachette, Santiago de Chile; 1993.

No sin motivo se reestudia a Nietzsche: él vio (*El origen de la tragedia*), que el mito del dios se desarrolla en una multiplicidad de personajes que desgarrados y fragmentarios van dibujando la historia. Ese dios que puede ser Dionisos o Tonatiuh. El dios está en todos y en ninguno. El dios es lo invisible en lo visible. Se puede pensar en la mano del dibujante que se dibuja a sí mismo, o en una cadena que desdibuja la determinación, como cuando Borges se pregunta en «Ajedrez» («El Hacedor»): «¿Qué dios detrás de Dios la trama empieza/De polvo y tiempo y sueños y agonías?».

7. Epílogo sobre los rituales de deseo

Un ritual de deseo es una búsqueda de identidad, pero la identidad es una vivencia, o su descubrimiento espontáneo. El deseo no nace de rituales, sino que es efecto de lo inesperado. Una ansiedad ritualizada deja de serlo para transformarse en una situación de segundo grado, en un metalenguaje, una especie de reflexión, pero el deseo es espontáneo. Algo semejante sucede con la búsqueda de identidad, la identidad nace espontánemente como efecto de un proceso de ser, no de una producción de ser.

IDENTIDAD CULTURAL Y RELACIONES DE PODER*

EL ARTE CONTEMPORANEO EN RIO GRANDE DEL SUR, BRASIL (1980-1990)

Icleia Borsa Cattani

Introducción

El presente texto es fruto de una investigación sobre la producción artística en la década del 80 en Río Grande del Sur, Brasil y su sistema de circulación y consumo, a partir de una óptica definida: nos interesaba investigar en qué medida la cuestión de una identidad cultural colectiva permeaba las prácticas y los discursos, no sólo de los artistas como responsables de las políticas culturales de instituciones oficiales, de los agentes y los coleccionistas, sino también y, sobre todo, confrontar la producción real de obras y discursos que se elaboran sobre ellas, o a partir de ellas.

Río Grande del Sur, estado del extremo Sur del Brasil, se destaca por ser un polo cultural y artístico bastante activo y contemporáneo, además de un centro industrial fuerte. Sin embargo, además de contar con una burguesía muy tradicional en sus preferencias culturales, está sometido a una situación relativamente periférica frente a los ejes económicos del país, constituidos básicamente por San Pablo y Río de Janeiro. Su proximidad con Uruguay y Argentina y su participación histórica en la elaboración de una cultura gaucha,

---

* Varios apectos de este texto fueron presentados como relato de una investigación, bajo el título "Arte Contemporáneo e Identidad Cultural en R. Grande del S.(1980-1990)", en la Revista Porto Arte N.6, año 3, Porto Alegre, Instituto de las Artes de UFRGS, dic. 1992.

viene con toda una ideología proveniente del mito del gaucho, presente sobre todo en la literatura de estos tres lugares; como también en las artes plásticas figurativas y en una cierta crítica de arte, creando especificidades de lecturas. Nos interesaba investigar de qué modo esas especificidades afectaban (o no) la producción contemporánea de las artes y las visiones de los diferentes agentes.

La preocupación por este tema viene desde hace muchos años. Su estudio en ese momento permitió sistematizar procedimientos y responder a antiguas inquietudes. Los resultados fueron estimulantes, en la medida en que produjeron ciertos esclarecimientos en las complejas relaciones del arte contemporáneo con posibles identidades culturales. La investigación permitió, en cierto modo, nombrar lo no dicho:

¿Quiénes somos nosotros? ¿O qué es (o que significa) nuestro arte? y nombrar esas cuestiones desde dentro del sistema, escuchando a los artistas, los distribuidores y una parte privilegiada de los consumidores (el público comprador). A partir de un amplio panorama de la historia de la producción contemporánea en R. Grande del S. (que sirve de soporte al trabajo y que sólo aparece como plano de fondo), queremos establecer relaciones entre producción y discurso, entre distribución y discurso, entre consumo y discurso —lo que se dice y hace en las diferentes instancias, y cómo ellas se interrelacionan. Por último intentamos también «abrir» nuestras propias obras, analizándolas permanentemente, procurando verificar de que modo se configuran las especificidades y cualidades, que sobrepasan los problemas de una identidad «regional» y que van más allá de su relativo aislamiento y de las relaciones desiguales de poder.

Dice Néstor García Canclini (1989), que «*el lugar donde el arte se nombra a sí mismo (su interior, o el nombre que sólo el Arte conoce), es también el lugar donde nos interrogamos sobre lo que somos*».

En este final de siglo, tal vez se hayan definido los lugares donde no se pueda encontrar identidad, pero no se suprimió la pregunta fundamental por ella. ¿No será en las contradicciones, en el continuo «traducirse» del Arte, que ella continuamente se instala y se responde, sin agotarse?

1.- Identidad

Néstor García Canclini menciona en *Narciso sin espejos* del texto de T. S. Elliot, Old Possun Book of Pratical Cats, citado por Enrico Castelnuovo *que todo gato posee tres nombres: antes que nada, aquel por el cual es comúnmente llamado; en segundo lugar uno más particular, que permite distinguirlo de los otros; y un tercero, que es el que el gato conoce* (Canclini, 1989).

La identidad presupone también éste, nuestro «tercer nombre»: que apenas designa a nuestra persona, nos nombra a nosotros mismos, los no nombrados. La identidad presupone la posibilidad de nombrar, de nombrarse.

Pero la identidad no es siempre un mirarse a si misma, sino que siempre está en transformación. Ese nombre, por lo tanto, es múltiple, polimórfico y mutable.

La manera como yo me nombro, el lugar desde donde yo me nombro, son elementos significativos, tanto como mi propio nombre, en sí mismo.

¿Y la identidad cultural? Es tal vez la suma de los nombres, pero es sin duda más que eso. Se manifiesta en los elementos recurrentes, que aparecen tanto en la praxis como en el imaginario. La manera como nos presentamos en cuanto grupo, la manera como yo me pienso dentro de un grupo. Mirada difícil cuando opera desde dentro, y que exige un distanciamiento muchas veces para poder pensar nuestras recurrencias y nuestras especificidades. Exige cuestionamiento como la Esfinge: «Descíframe o te devoro».

1.1 Identidades

La identidad cultural sólo es identificable en cuanto colectivo: ya sea se trate de la identidad de un grupo minoritario, de una región, o de una nación.

Identidad cultural o identidad nacional no deben ser confundidas. En cuanto a la primera, se refiere básicamente a elementos preexistentes, que pueden ser detectados o utilizados conscientemente; la segunda se refiere a una construcción, de carácter artificial, que obedece a intereses de orden económico y político, tomando algunos elementos comunes existentes en el gran grupo o imponiendo otros (como la existencia de un idioma oficial, leyes que rigen la vida de todos, etc).

La identidad cultural no es, por lo tanto, un dato absolutamente «natural» y no manipulable. También puede responder a intereses de orden político, económico, u otros. Una cosa es cierta: la identidad cultural sólo surge como problema para ser resuelto, como concepto para ser definido, como práctica para ser identificada o desarrollada, en situaciones de crisis. Esa crisis puede ser de orden económico, político y social; puede ser circunstancial o permanente.

1.2 América Latina

En los países de América Latina, aun cuando se deba considerar que existen grandes diferencias de un país a otro y de una región a otra, la cuestión de la identidad cultural retorna siempre, agregando cada vez nuevos elementos, pero nunca resueltos.

Por más que podamos invocar razones de orden cultural o incluso históricas para esa irresolución (países de cultura reciente —que consideran sólo la cultura del colonizador— o países de culturas autóctonas «pobres», con un tipo de colonización sufriente, o con multiplicidades de razas y culturas que las constituyen, etc), la verdad es que se trata antes que nada de una relación de poder.

En la medida en que vivimos en un «continente ocupado», cuya vida económica, cuyos centros de decisión y cuyos modelos políticos o culturales son condicionados en buena medida por ingerencias externas, la cuestión de quiénes somos se torna más compleja y problemática.

Sin embargo, consideramos que esa «crisis» no es negativa. Es a partir de ella que nos definimos. Es a partir de ella que la producción artística latinoamericana se presenta tan rica y variada. Nosotros encontramos históricamente las estrategias para burlar las relaciones de poder y reconstruir una y otra vez nuestras identidades.

1.3 Centros - periferias

Dentro de las relaciones de poder del sistema capitalista, los conceptos de centro o periferia son relativos. Pasan del primer al tercer mundo, desde Nueva York hacia San Pablo, de San Pablo hacia Porto Alegre (capital de Río Grande del Sur), y así sucesivamente , mientras que las referencias circulan siempre por la urbe, de mayor a menor. Y los modelos sociales y culturales se repiten, imitados algunas veces, pero también subvertidos, modificados, enriquecidos con nuevos sentidos y, a veces, los modelos impuestos son totalmente despedazados, y algo radicalmente nuevo aparece.

2. Río Grande del Sur: un ejemplo

Centramos esta investigación en la producción contemporánea de Río Grande del Sur, en la última década, y los problemas en la definición de la identidad cultural que ahí se produce, por juzgar que son ejemplos de situaciones más amplias.

A partir de estas reflexiones, elaboramos las siguientes hipótesis:

1. Las relaciones de poder establecidas en el sistema capitalista contaminan la producción artística, por la imposición de modelos. Esta imposición es todavía problemática y no se da pasivamente, ya que muchas veces se elabora una producción autónoma; pero las referencias dentro del circuito continúan siendo los modelos externos; es el caso de Río Grande del Sur, e incluso Río-San Pablo.

2. En los años 80, la búsqueda de una identidad cultural opera en el arte contemporáneo de Río Grande del Sur a través de un cosmopolitismo en la forma y en la búsqueda de espacios para vincular las obras caracterizadas no por la diferencia en relación con otros centros (base del regionalismo), sino en una equiparación cualitativa.

3. A pesar del deseo de equiparación cualitativa, o tal vez por causa de él, se encuentran en las obras especificidades que se evidencian en un análisis formal.

4. La existencia de especificidades es lo que nos permite hablar de una elaboración, voluntaria o no, de una identidad cultural en las artes plásticas.

5. La cuestión de lo regional todavía marca la producción del arte en Río Grande del Sur, no en lo concerniente a los sistemas de las formas, sino como base ideológica que sirve como referencia de reconocimiento e identificación.

Estas cuestiones nos parecen relevantes en la medida en que ellas son trabajadas en los discursos de la crítica y en las políticas de instituciones oficiales y, por esta razón, nos interesa verificar las maneras de acuerdo a las cuales una producción contemporánea de las artes plásticas se relaciona con una elaboración de una identidad cultural y de qué manera las instancias de distribución y consumo refuerzan o niegan esa elaboración.

2.1 La instancia de producción: testimonios

Nos interesa investigar de qué manera actúan las referencias, centrando esta investigación, en esta primera etapa, en entrevista con los artistas. Tratamos de verificar cómo se sitúan ellos frente a la cuestión del arte «gaucho» y de lo «regional» en el arte al enfocar la producción artística, la distribución (galerías, instituciones públicas, crítica de arte) y el consumo (coleccionistas). Para esto, fueron entrevistados 43 artistas. Tratamos de hacer la muestra lo más representativa posible, considerando: generación-nivel socioeconómico—nivel de inserción en nuestros canales de distribución; tipo de formación; tipo de producción (en cuanto a sistemas de formas materiales utilizados, etc).

Las preguntas expresadas giraban en torno del concepto de arte gaucho y del regionalismo en el arte, las relaciones regional-nacional- internacional, los discursos de la crítica, las políticas de las instituciones oficiales y las prácticas del mercado. Ellas fueron proporcionalmente altas, y de sentido abierto, con la finalidad de no condicionar las respuestas y ver lo que surgía entre líneas.

En esta primera etapa, no fueron estudiadas las producciones de los artistas en sus especificidades, sin embargo, tal abordaje se considera indispensable para juzgar la repercusión en los conceptos referidos en el sistema de formas propiamente dicho.

En las respuestas obtenidas en estas entrevistas, se constatan algunas datos significativos. El primero de ellos, que confirma la primera hipótesis, se refiere a las relaciones de poder del eje Río-San Pablo en relación con las regiones. Los artistas critican esas relaciones, sugieren, incluso, maneras de negarlas, o de burlarlas, pero por las referencias y comparaciones establecidas, se nota que éstas siguen siendo un referente constante.

La cuestión del arte «gaucho» fue vista de varias maneras. La mayoría de los artistas consideró que había existido un arte gaucho en el pasado, pero que no existía ya debido a la internacionalización promovida por los medios de comunicación. El arte «gaucho», así, restringe su contemporaneidad por un problema de delimitación geográfica. La mayoría concordó, sin embargo, que fuera de la región, los artistas locales son considerados «artistas gauchos»: Tal denominación fue vista de diferentes maneras. Para unos, ello enfatizaría las relaciones del poder entre Río y San Pablo, o sea, para las instancias lo hecho en otras localidades o regiones.

Elcio Rossini observó que el problema no es ser «gaucho» o no, la cuestión es no ser «centro»... [1]

Es difícil, en Brasil, no ser «gaucho» o «minero» o «norestino».[2]

Esta tendencia clasificadora también ocurriría de adentro para afuera:

Había anteriormente muchas promociones y exposiciones con el nombre específico de arte «gaucho» recorriendo el país. Era un comienzo de catalogación y clasificación del artista de acuerdo con su región (Luis Fernando Barth).

Esta clasificación, según el mismo artista, correspondería a un «marketing de venta de lo diferente».

Para algunos, entre tanto, la cuestión del arte gaucho poseería también otras connotaciones: trataríase de una denominación sobre la que impera un todo-vale.

[1] Todos los párrafos aquí citados, sin referencias bibliográficas, son originados en las entrevistas realizadas con los artistas, galeristas, directores de las instituciones culturales, coleccionistas, etc. de 1989 a 1991.

[2] Estos datos, evidentemente, no abarcan en su totalidad, todas las galerías; Cambona Galería de Arte, por ejemplo, lanzó excelentes catálogos en la primera mitad de la década; algunas otras galerías promovieron sus artistas en forma sistemática, etc.

Como definió un joven artista:

«*La clasificación es un recurso ideológico de defensa para no ser juzgado el trabajo con los mismos parámetros de los centros productores de la cultura. Encuentro que esto enmascara posibles deficiencias que las obras podrían tener*" (Gaudencio Fidelis).

Para otros artistas, por el contrario, el Río Grande del Sur sería el tercer polo cultural de Brasil (después de Río, y San Pablo) y la denominación «arte gaucho» estaría ligada a una cuestión cualitativa, teniendo un sentido valorativo. Evidentemente, en este sentido, la cuestión de las temáticas, en el sistema de las formas con características regionales, estaría descartada.

Otra cuestión interesante que apareció, es la visión de «región» en cuanto a limitación económica, geográfica o social. Un artista mencionó cuestiones específicas: «(...) no trabajar en papel por el clima húmedo, no realizar trabajos muy grandes por las dificultades de transportes hacia los grandes centros» (Mário Röhnelt).

Refiriéndose a la formación de los artistas, el mismo entrevistado consideró que lo regional, en cuanto a la localización, también posee gran influencia:

«*Nuestra visualidad proviene de reproducciones, historias en cuadros, obras gráficas reproducidas. No existían en la década del 50, museos o galerías... Los europeos no ven reproducciones, ellos poseen obras auténticas (....)*».

En relación con el concierto regional, comparado a lo nacional y lo internacional, se percibe el mismo posicionamiento. Lo regional fue a priori asociado al folklore, al arte popular, a la tradición, a las artes aplicadas y a las temáticas «gauchas» (que representan temas alusivos al modo de vida gaucho).

2.1.1 Autoimagen

Paralelamente a los elementos citados, surgieron otros que trajeron un nuevo enfoque a la cuestión regional en el arte y que, a nuestro modo de ver, apuntan a cuestiones (reales o imaginarias) que configuraban una identidad propia en la producción artística. Son ellas:

1. En relación con los materiales utilizados, la existencia de algunos, poco explorados en Río o San Pablo o en otras regiones, como tierra y madera. Aquí surgió una comparación única con otra región, Minas Gerais, donde la investigación con materiales propios también se destacó en las últimas décadas.

2. En cuanto a las temáticas, el problema del indio, la ecología, etc. como elementos diferenciadores. Las temáticas gauchescas fueron cuidadosamente evitadas, a pesar de que muchos entrevistados admitieron que ellas continuaban vigentes.

3. Respecto a factura, se enfatizó en lo «bien hecho» como una tradición local positiva, a pesar de que algunos artistas encontraban que ello llevaba a un manierismo vacío de sentido:

«En el arte gaucho», la preocupación técnica es tan grande que el lenguaje queda vacío. Estamos pobres, con un lenguaje semejante a un manierista» (Wilson Cavalcanti).

4. En relación con los procedimientos de los artistas, se destaca un quehacer más lento que en el centro del país y un aislamiento mayor en el taller, una mayor concentración en el trabajo. Para explicar estos procedimientos, recurrieron al clima (más frío, con inviernos más rigurosos) y ausencia de elementos dispersivos como la playa, vida cultural intensa, etc.

Se puede constatar que los puntos encontrados no hacen sentido en mostrar especificidades en la producción, algunos están idealizados: Se confirma así nuestra segunda y tercera hipótesis, de que en la década de los 80 la investigación de los procesos de la identidad cultural en la producción artística hace sentido con una equiparación cualitativa y no por la diferencia en relación a otros centros. En este sentido, cabe resaltar que las especificidades destacadas por la mayoría son positivas.

2.1.2 Visión de «otro»

Las limitaciones y diferencias fueron atribuidas, en general, a instancias de distribución y consumo.

1. El mercado fue considerado más restringido, incipiente y más dirigido a la venta que en Río o San Pablo, sin galerías alternativas y basándose en nombres consagrados y en formas conservadoras; no se abre el espacio a artistas jóvenes o a tendencias innovadoras. Según el punto de vista de varios artistas, por ejemplo, un arte con material perecible no encontraría espacio alguno en Río Grande del Sur, por no ser vendible.

2. Las instituciones gubernamentales fueron vistas en general como cerradas, fomentando un regionalismo artificial y, según la óptica de algunos, incluso tendencias separatistas (del Cono Sur). Algunos artistas enfatizaron además la valoración de figuras tradicionales por parte de las instituciones.

«Las instituciones oficiales existen para legitimar y transmitir la visión dominante, y tienen una contrapartida, en el trabajo de ciertas personas o grupos que ofrecen resistencia" (Lorena Buys Geisel).

3. La crítica de arte fue considerada unánimemente como «inexistente», y esa ausencia impediría un mayor reconocimiento a la producción artística local.

4. El público fue visto como altamente conservador, constituido en su mayoría por amantes del arte y no por investigadores. Hubo opiniones, por parte de algunos artistas, que los mayores coleccionistas locales no compran aquí, y sí en San Pablo y Río o en el exterior. El conservadurismo del público comprador acabaría influenciando la imagen de la producción artística en Río Grande del Sur, pues, en la medida en que sólo comprarían (y por consiguiente las galerías sólo venderían) arte más conservador; ése acabaría siendo el parámetro del «arte gaucho».

Verificamos, así, que la cuestión «regional» propiamente dicha fue transportada radicalmente a las instancias de distribución y consumo, y las diferencias, en cuanto a producción, fueron consideradas como cosmopolitas, cualitativamente equiparables al centro del país y al exterior, y marcadas por especificidades que enriquecerían y distinguirían relativamente los modelos recibidos.

Se confirma, a través de la problemática de las especificidades, nuestra última hipótesis: en cuanto a que lo regional todavía marca la producción del arte en Río Grande del Sur, no a nivel de sistema de formas, sino como base ideológica, que sirve como referencia de reconocimiento e identificación, y agregaríamos, como elemento diferenciador frente a los modelos externos.

2.2 Producción y discurso

¿De qué manera esos puntos de vista presentados en las entrevistas, relativos a los productores, encuentran eco en la producción del período? Se torna interesante confrontar esas producciones con los discursos. En ese sentido, el hecho de que en las entrevistas se pueda observar a los artistas con las producciones extremadamentes diferenciadas entre sí, es para que el campo de análisis formal no se restrinja.

Constatamos, en relación con la producción, algunas constantes significativas, que configuran tendencias locales.

Nuestro objetivo no fue el buscar un patrón de cualidades de producción, sino intentar bosquejar el mosaico de producción artística de Río Grande del Sur en la década del 80, con sus vectores diferentes y, evidentemente, con las obras inclasificables.

En nuestra propuesta inicial de investigación, existe siempre el deseo de abarcar la totalidad del tema. Con los andamiajes del trabajo surgen necesidades de establecer criterios, de seleccionar aspectos. Al definir el marco teórico, delimitamos el tema o, simultáneamente, limitamos el campo de acción.

Los aspectos relacionados a seguir no son los únicos existentes en la producción artística de los años 80 de Río Grande del Sur, pero son, a nuestro modo de ver, los más significativos, teniendo en cuenta el objetivo de confrontar una producción real con los discursos de los productores con respecto a una (posible) identidad.

2.2.1 Cuestiones temáticas formales

La producción artística en Río Grande del Sur se caracteriza tradicionalmente por una tendencia figurativa de cuño académico. Los más importantes movimientos, incluso aquellos que marcaron la búsqueda de una identidad propia para el arte de Río Grande del Sur, prosiguen esta característica— desde el academicismo del lugar directamente al realismo socialista, con el grupo de Bagé o Club de Grabado. Según María Lucía Kern, el «modernismo» sólo accede a las artes plásticas, en Río Grande del Sur, en cuanto constituyente formal en las décadas de 50-60 (KERN, 1981).

En los años 65-75, sobre todo en el Instituto de Artes de la Universidad Federal de Río Grande del Sur, en Porto Alegre, predominaron las experiencias abstractas, a pesar de que en los términos del mercado continuaron los artistas figurativos, con predominio de exposiciones de artistas como Ado Mlagoli, Danubio Gonzálves, Carlos Scliar, Zorávia Bettiol, etc.

A partir de la segunda mitad de los años 70, sobre todo al final de la década, una declinación acentuada de las experiencias abstractas, a nivel regional, hace resurgir con fuerza la tendencia figurativa, reforzada, en los inicios de los años 80, por ecos de movimientos internacionales y por exposiciones nacionales, como la famosa «¿como va usted, generación 80?», organizada por Marcus Contra en el Parque Lage, Río de Janeiro, en 1984.

Constatamos en Río Grande del Sur, en la década del 80, no sólo la fuerza de la vuelta a la materialidad y la figuración, como la presencia predominante de la figura humana —un volverse a cuestionar el cuerpo, pero con múltiples abordajes. Las diversas representaciones del cuerpo humano se insertan en una tendencia más amplia que podemos denominar de figuración expresiva y /o crítica. Aquí, no sólo existe el cuerpo humano como forma recurrente, sino también la representación de interiores, paisajes u objetos medio-fantásticos, «realistas», sin serlo.

El cuerpo humano surge en representaciones bi- y tridimensionales, congregando a jóvenes artistas y otros ya consagrados. La vuelta de Ibere Camargo a Puerto Alegre en los inicios de los años 80, y las grandes exposiciones conmemorativas de los 70 años de esa artista, de Xico Stockinger y de Vasco Prado, pintor y escultor respectivamente, y los libros lanzados a propósito de ellos tres, que sin duda marcan las tres grandes figuras contemporáneas en el escenario artístico regional, consagradas nacionalmente, fueron determinantes en la definición de muchos artistas jóvenes que optaron en la década del 80 por la figuración y la representación del cuerpo humano. A éstos se suman artistas de una generación intermedia y con un trabajo ya consolidado, como Mário Röhnelt, Milton Kurtz, Carlos Carrion de Britto Velho, Luis Gonzaga Mello Gómes, María Lidia Magliani, Yoâo Luiz Roth, etc. Algunos artistas realizaron trabajos con alusiones del cuerpo, dentro de ópticas diferentes. Por ejemplo Vera Chávez Barcellos, sobre todo la serie titulada «Epidermic Scapes», e Irineu Garcia, quien exploró en sus esculturas la cuestión táctil y orgánica.

Es importante recordar que algunos de los artistas aquí citados tuvieron una figuración crítica extremadamente importante en la década del 70, como Britto Velho y Magliani.

Contraponiéndose y reforzando nuevas investigaciones, continuarán actuando artistas ligados a las formas figurativas más tradicionales, como Ado Malagoli, Plínio Bernhardt, Alice Brueggemann etc.

Además de la figuración expresiva, con predominio de múltiples formas de representación y simbolización del cuerpo humano, surgió una tendencia de abstracción expresiva, con predominio de la gestualidad y vinculándose a las investigaciones de nuevos materiales, llegando a veces al objeto. Nos parece fundamental en esta segunda gran tendencia, no sólo vincularla a la otra visualidad de la «postmodernidad» y, en términos nacionales, a «la generación del 80», con la actuación de Carlos Pasquetti, Renato Heuser, Mara Alvarez y María Lucea Cattani como artistas y profesores del Instituto de Artes, y Karin Lambrecht, Michael Chapman y Heloisa Schneiders, que no sólo actuaron intensamente como artistas, sino que también realizaron trabajos asistemáticos de docencia de gran impacto sobre los artistas jóvenes.

La tendencia expresiva posee raíces antiguas en el arte realizado en Río Grande del Sur, en la medida en que los «precursores» de la modernidad fueron artistas alemanes, que trabajaban en la *Revista do Globo* y que evidenciaban en sus obras estilemas del expresionismo alemán (Scarinci, 1982).

Es interesante notar que la abstracción de cuño geométrico, trabajo de origen más conceptual, las investigaciones de materiales no convencionales, (como hielo, juego etc.), el trabajo con nuevos medios e investigaciones multimedias, los trabajos que usan como vehículo el propio cuerpo, como «happenings» y «performances», permanecieron, durante toda la década y aun en la anterior, restringidos a pocos artistas que los utilizaron en forma sistemática y para algunos otros que hicieron experimentos esporádicos, manteniendo paralelamente un trabajo más tradicional.

Podemos anotar como causas: la escasez de experiencias de vanguardia en Río Grande del Sur, lugar periférico (espacio cultural periférico), como un enclave vuelto a los medios tradicionales de expresión, considerando aquí la media de los cursos de arte existentes en el Estado, en el nivel formal (en universidades) y a nivel informal (Talleres, Escuelas, Centros de Arte etc.); la fuerte tradición de los medios de expresión tradicionales, como una «modernidad» que llegó tardíamente, ya filtrada y neutralizada, y, por fin, un mercado y un público consumidor que buscan los medios tradicionales de expresión. Sobresale como excepción, el trabajo del grupo N.O., en la década del 70, y la producción sistemática de Vera Chávez Barcellos, siempre buscando medios alternativos e innovadores y, mucho más reciente, el trabajo de Diana Domingues y Rafael Franca (que se produce básicamente fuera de Río Grande del Sur).

Tenemos, además de lo anterior, que recalcar un elemento que refuerza el apego por lo tradicional: la fuerte ligazón de la práctica artística con lo artesanal, reforzada por la existencia muy sutil de ceramistas, tapiceros etc., donde esa tendencia clara aparece (sin negar la calidad de muchos trabajos).

Las investigaciones internacionales e incluso las nacionales de los años 60-70 tuvieron, por lo tanto, pocas repercusiones en Río Grande del Sur. La vuelta a la figuración y a las tradiciones en las tendencias internacionales de los años 80, definieron, por consiguiente, lo que había en Río Grande del Sur, reforzando las formas de las manifestaciones ya existentes.

2.2.2. Medios y Técnicas de expresión

Es importante destacar que el apego a las formas de expresión tradicionales no invalida la cualidad de la producción existente. Haciendo un análisis por técnica, vemos que el diseño, que ya poseía una importancia histórica en Río Grande del Sur, se impone en la década del 80 como forma autónoma de expresión, con nombres reconocidos nacionalmente como Carlos Pasquetti, Ana Alegría, Mário Röhnelt, Milton Kurtz etc. En el Salón «Caminos del Diseño Brasilero», realizado en el Museo de Artes de Río Grande del Sur (MARGS) en 1986, se detectó la importancia del diseño. En ese lugar se intentó organizar un evento de carácter nacional, que fue boicoteado por algunos artistas gauchos, que juzgaron que ¡no había suficiente espacio ni énfasis para los artistas de Río Grande del Sur! con lo cual queda demostrado la complejidad de las relaciones entre lo «regional» y lo «nacional».

Cabe decir, entretanto, que debido en parte a presiones del mercado, algunos diseñadores pasarán al final de la década a dedicarse a la pintura, más solicitada y más «rentable».

La pintura se beneficia por la vuelta de Iberê Camargo, ya mencionada; de la actuación de jóvenes pintores con estadía en Alemania, Karin Labrech, Michael Chapman y Renato Heuser; de los trabajos bastante originales e independientes de Frantz (sobre todo hasta mediados del 88), Maria Tomaselli, Lenir de Miranda, Cynthia Vasconcellos (cuyo trabajo entró en el ostracismo al final de la década), Telmolanes, Rogério Nazari, etc.

La escultura pasó, en la década del 80, por la afirmación de algunos nombres y el surgimiento de otros. Es importante destacar el papel de Luis Gonzaga Mello Gómez como artista que afirmó un lenguaje propio y como docente del Instituto de artes de UFRGS, donde contribuyó grandemente a la formación de una nueva generación. También tuvo gran importancia en la formación de un grupo de jóvenes escultores, como Gaudêncio Fidelis, Francisco Alves y Lorena Geisel, el curso con Iole de Freitas realizado en el MARGS dentro del programa de «Artistas Visitantes» de Funarte. Dentro de los que se destacan en la década del 80, contamos con Mauro Fuke, Gustavo Nakle, Irineu García y Patricio Frias, a los cuales se suma Carlos Tenius, cuyo trabajo es reconocido desde la década del 70. También en una área afín (objetos e instalaciones) fue importante la actuación de Jailton Moreira, Fernando Limberger, Hélio Fervenza y otros.

El grabado resurgió con gran fuerza en los años 80 y con nuevos parámetros de actualización formal y conceptual. Luego de los moldes que marcaron las referencias en Río Grande del Sur, se contó con dos fuentes de formación: El Instituto de Artes de UF y el Atelier Vire de la Prefectura de Porto Alegre. En los años 80, se desarrolló toda una generación de artistas que trabajaban exclusivamente en grabado, como María Lucía Cattani, Nilza Haertel, Suzana Sommer, Anico Herskowitz, Maristela Salvatori y otros. A estos se suman Luiz Fernando Barth, que actuó desde la década del 70, y Danúbio Gonzálves cuya actuación en Atliermira de la Prefectura continúa hasta hoy.

La fotografía, cuyos límites entre arte y no arte son siempre relativamente fluidos, se afirmó con una generación de nuevos fotógrafos que procuran ligar su trabajo con la investigación artística, entre los cuales destacamos a Eduardo Viera da Cunha, que hacia el final de la década comenzó a dedicarse a la pintura (recurriendo a la fotografía), Clóvis Dariano, que se formó en las artes y participó en el grupo N.O., Luis Carlos Fellizardo, Fernando Brentano y otros.

La tapicería y cerámica crearon asociaciones propias, salones específicos pero, más allá de la alta calidad técnica tradicional en esas áreas, enseñaron producciones originales, como la de Marlies Ritter en la cerámica y Berenice Gorini en la tapicería, más allá de los disidencias importantes, como los de Heloisa Crocco y Eleonora Fabre, que buscaron caminos propios, en el diseño y la escultura respectivamente, cuestionando simultáneamente su área de origen, la tapicería.

Este rápido panorama, que no tiene la pretensión de agotar el tema, sirve para confirmar dos premisas ya dichas anteriormente:

1.- Predominaron todavía a lo largo de una década en Río Grande del Sur, los medios de producción más tradicionales; éstos, entretanto, se destacan por su alta calidad, tanto desde el punto de vista técnico como por el aspecto formal, pues generaron trabajos originales.

2.- El apego a las formas más tradicionales de expresión, la figuración, las tendencias expresionistas, facilitaron la inserción en la producción actualizada de los años 80, a través de una continuidad al revés de la ruptura que el retorno a la tradición provocó con las vanguardias en los países del primer mundo y hasta, salvada las proporciones, en el eje Río - San Pablo.

Esas recurrencias a nivel regional significan especifidades. Se puede considerar que los asuntos y las temáticas gauchescas realmente desaparecieron de la producción de primera línea, sobre todo de la más actual, quedando apenas un referente histórico, fuera de la cual esas cuestiones son tratadas en forma peyorativa . Entretanto, permanecieron esas recurrencias actuales; ellas son geográficas (lo que justitificaría la respuesta de muchos artistas, de arte «gaucho» como delimitación geográfica), pero ellas son también y, sobre todo, socio-cultural y, sin duda, formales. Ellas apuntan a las circunstancias de la producción (y, no olvidemos, como dice Ortega y Gasset, «yo soy yo y mi circunstancia») y, osamos decir finalmente , los estilemas que indican la identidad posible.

2.3 Distribución y consumo

Para contraponer la visión de los artistas, que ven la cuestión desde dentro de la esfera de la producción, entrevistamos a personas ligadas a instituciones culturales, oficiales y privadas, marchands, galeristas y coleccionistas, queriendo aproximarnos a las ópticas de la esfera de distribución y consumo.

2.3.1. Esfera de distribución: personas ligadas a instituciones culturales

Intentamos entrevistar a personas que definían y ejercían las políticas culturales en el sector de las artes visuales.

Una característica de esta subárea es que la autonomía de acción de los entrevistados es bastante variable, yendo desde de la «autonomía total» (de unos pocos) hasta la necesidad de obedecer cánones preestablecidos. Eso dificultó, en algunos, casos la lectura de las respuestas, pues había una indefinición entre las posturas personales de los entrevistados y los principios de las instituciones; en otros casos, había un conflicto más o menos explícito.

Las preguntas fueron específicas, distintas de las realizadas a los artistas. Versaron sobre la filosofía de la institución y la filosofía personal del entrevistado en relación con exposiciones, con los criterios para selección de artistas u obras, su visión del arte gaucho y su posible identidad, los artistas de R.G. del Sur que se destacaron en la década de los 80, y finalmente, si los criterios de selección privilegiaban a los artistas en Río Grande del Sur o no.

Se constatan, en primer lugar, visiones en las posturas de los artistas gauchos y de su producción. Por un lado, aquellos que se ven cerrados en sí mismos, conforme al testimonio de Evelyn Berg (que fue Directora de Margs a mediados de la década).

(La producción gaucha) «*Es muy cerrada en sí misma. Tenemos una producción muy calificada, artistas de primera línea, pero con muchas dificultades de llegar a cualquier otro centro. Acaba siendo una producción extremadamente autorreferencial. El trabajo de nuestros artistas no es conocido por los críticos de otras localidades. Existe un desinterés, dato significativo para los artistas gauchos, en participar en eventos en otras localidades, por ejemplo, Brasilia «...»Río Grande del Sur posee una característica propia: estar vuelto sobre sí mismo, en un momento en que el arte tiende a universalizarse*».

Por otro lado, muchos entrevistados apoyaron las posturas «más abiertas» de los artistas jóvenes:

«*Los artistas jóvenes hacen más investigación, buscan nuevos materiales, nuevos soportes, tratan de profesionalizarse al máximo*» (Vera De 'Avile, Directora del Atelier Livre).

(Hay) «una creciente aparición de talentos promisorios que se expresan en un lenguaje contemporáneo» (Miriam Avruch, Directora de MARGS en el final de la década).

Se observa un cambio en los modos de actuar de los artistas, tal como lo indican los entrevistados.

Los jóvenes artistas son vistos como más profesionales, intentando insertarse tanto en el mercado nacional como internacional (sobre todo en Río Grande y San Pablo), lidiando con lenguajes contemporáneos, más ligados a la investigación, en contraposición a la postura antigua, más ingenua y romántica, de esperar en el taller por un reconocimiento que vendría de afuera, motivado solamente por la calidad de la producción.

Sin embargo, no siempre las posturas de los más jóvenes son vistas como positivas: «los artistas tienen mucha prisa por exportar» (Danubio Gonzalves, Ex-Director del Atelier Livre). Las nuevas actitudes son clasificadas muchas veces como arribistas y ambiciosas, «sin una necesaria humildad».

Se constata como la postura más frecuente en esa esfera, la promoción y divulgación del arte realizada en R. G. S., intra-muros o hacia afuera, en algunos casos con énfasis en la producción contemporánea.

La dirección de los últimos años de la década del Atelier Livre del Centro Municipal de la Cultura de Porto Alegre, intentaba componer para la selección anual de exposiciones »un jurado ligado a propuestas contemporáneas, con representantes de diversas categorías» (Vera D'Avila). En el sector de Mostras estaba previsto por semestre un invitado de otros estados, que daba la oportunidad del intercambio. También fue tradicionalmente realizado el Festival de la ciudad de Porto Alegre, en que eran invitadas artistas de R. G. S. y otros estados, para realizar workshops, oficinas, palestras, etc.

Los primeros responsables de las políticas artísticas de la casa de la Cultura: Mario Quintana, el arquitecto Flávio Kiefer y la artista Regina Coeli Rodrígues, tomaban una postura de avanzada en contra de la limitación de las fronteras como una opción por el arte contemporáneo.

Otras instituciones, como por ejemplo la pinacoteca de APLUB en 1990, se volvieron exclusivamente hacia el arte gaucho, poseyendo un acerbo de casi mil obras, en el cual sobresalen los medios tradicionales de expresión. Su lema principal era «divulgar el arte gaucho» (Sônia Wagner). En el archivo de la Pinacoteca, predominan obras de cuño académico o, por lo menos, con opción por la figuración explícita.

2.3.2 Esfera de distribución: marchands

Las posiciones de los marchands coinciden o se apartan de lo evidenciado por las personas ligadas a las instituciones culturales. Las preguntas hechas fueron básicamente las mismas con dos salvedades : sobre el tipo de obras que los compradores eventuales y los coleccionistas sistemáticos prefieren comprar, y sobre los relaciones de los artistas gauchos con los marchands (si diferían o no con las relaciones establecidas por los artistas de las otras regiones).

La diferencia en las respuestas tienen que ver con necesidades divergentes, teniendo en cuenta los objetivos de venta que mueven a los marchands. También se nota una mayor valorización en las respuestas e intereses del público, específicamente del comprador.

Intentaremos resumir en tres puntos básicos lo que se desprende de las respuestas de los marchands, en relación con la percepción de las posturas de los artistas y evaluación de su producción, las estrategias de las galerías y las demandas del público.

En cuanto a la percepción de las posturas de los artistas y la evaluación de la producción existente en R.G. del Sur, constatamos una fuerte tendencia a la valorización de las mismas, lo que se aproxima a las respuestas de los propios artistas. La calidad de la producción fue enfatizada:

«Aquí el trabajo es mucho más investigado, en Sn. Pablo se sigue más la moda y en Río, mucho más. (Aquí) existe una identidad con Brasil y fuera de él, con Alemania, y con Estados Unidos (...) . Pero el retorno de esta proble-

*mática está a nivel internacional. Investigaciones en pro-
fundidad distinguen el arte gaucho a nivel de todo Brasil»* (César Prestes, propietario del Gabinete de Arte).

Se hizo nuevamente una distinción en cuanto a las
posturas de los artistas de más edad y los más jóvenes.
Como dice Mirisa Soibelmann (galerista):

*«Los artistas más viejos son más tradicionales, se identi-
fican culturalmente con el medio geográfico. Como las esculturas de caballos de Vasco Prado. Los artistas más jóvenes, parecen tener una identidad cultural nacional, sin
perder de vista los movimientos internacionales».*

El problema de la tradición y de la contemporaneidad pasa, por lo tanto, en el discurso, por la dicotomía
de la identidad cultural regional versus identidad cultural nacional e internacional.

María Helena Webster, también galerista, analizó de
otra forma las diferencias:

*«El arte gaucho fue el único que en el pasado luchó por lo
figurativo, y también el único con patrones internacionales. En la década del 50, el expresionismo figurativo era bastante definido, el que se difumina, perdiendo también su identidad».*

El «hacer frente» a los patrones internacionales fue
visto como algo positivo, que configuraría la mantención
(o la tentativa de creación) de una identidad propia. La
apertura a los movimientos nacionales o internacionales, por el contrario, significaría «perderse en sí» y, por
consiguiente, perder su propia identidad.

Algunos galeristas investigan la producción de los
jóvenes artistas; fue el caso de la Galería de Arte y Acción. La galerista Emília Gontow, de la Asociación de
Funcionarios de Bedesul, expresa:

«La idea es trabajar con artistas nuevos y gauchos, en la mayoría, para investigar lo contemporáneo. He intentado no trabajar con los académicos, a pesar que los piden constantemente».

En cuanto a las estrategias de las galerías, éstas optaron por dos actitudes diversas: en el inicio de la década del 80, hasta aproximadamente al 87, fue frecuente la invitación de artistas extranjeros. Es importante destacar que, durante la década del 80, el mercado del arte de R.G.S. fue considerado el tercer polo del Brasil (luego después del Río y San Pablo); además de las galerías de Porto Alegre, existían varios núcleos de mercado en el interior del estado. Con la acentuación de la crisis económica, las galerías se volcaron a la producción local. Se puede considerar, por lo tanto, que la opción por el «arte gaucho» fue motivada entre otras razones, por motivos económicos.

En cuanto a las demandas del público, los galeristas fueron unánimes: el público en general, en R.G.S., prefiere un arte figurativo. Según Adair Ferreira de Souza, el «público coleccionador busca trabajos de alta calidad y artistas con «currículum fuerte».

Marisa Soibelmann dijo que, además de las preferencias por los trabajos más tradicionales, figurativos, existiría un gusto por las «composiciones abstractas suaves y agradables».

Tina Zappoli (propietaria de la galería del mismo nombre):

«la pintura es más buscada que el diseño; lo figurativo, más que el arte abstracto. Esto vale para el público en general y para los coleccionistas».

Vemos así preferencias no sólo formales en cuanto a técnicas y medios de expresión. Si la opción por lo académico y figurativo indica tendencias, las más de las veces conservadoras, ¿qué significa la preferencia por la pintura? A nuestro modo de ver , en lo relativo a la crisis de los 80, es la posibilidad de contar con un bien seguro y soluble en corto plazo de tiempo. La búsqueda de la pintura aumentó considerablemente en la década de los 80, al punto que algunos artistas confesaron haber sufrido presiones para pasarse de otros medios de expresión a la pintura. Y, efectivamente, al final de la década, diseñadores realizaban exposiciones total o parcialmente compuestas por pinturas. Si el mercado puede inducir al artista en los medios de expresión, y también en las dimensiones (a mediados de la década, hubo presiones, reveladas por muchos artistas, en el sentido de aumentar el tamaño de las obras —y éstas efectivamente aumentaron), ¿será que se puede presionar también en el nivel de los sistemas de las formas? Sería prematura intentar responder esta pregunta ahora, pero ella nos parece un elemento importante para reflexiones posteriores.

2.3.3 Esfera de consumo: coleccionistas

Veamos ahora la posición de los coleccionistas.

Las preguntas realizadas versaban sobre la posición personal en relación con la adquisición de obras; sobre la visión personal del arte gaucho contemporáneo y su identidad propia (o ausencia de esta identidad), y sobre los artistas de R. G. S. que, en su opinión eran significativos en el momento actual.

Luis Carlos Matte expresó que, al analizar el arte como un bien, el arte regional sería más valorizado, pues podría ser adquirido y vendido más fácilmente (dentro de la propia región).

En R.G.S., el número de coleccionistas sistemáticos fue mucho más reducido a lo largo de la década. Esos coleccionistas sistemáticos, por amplitud de formación y por el gran poder adquisitivo, persiguen de modo general varios artistas importantes, nacionales y hasta algunos extranjeros; sin embargo, la mayoría de las colecciones siempre está constituida en buena parte por artistas gauchos (en un mínimo del 50% de las colecciones). Pero ya en 1986, en entrevista realizada por Yoâo Carlos Tiburski y Gisele Scalco Sutil (TIBURSKI, 1986), tres coleccionistas significativos de Puerto Alegre apuntaban unánimamente hacia una tendencia mayor a coleccionar artistas gauchos y artistas nuevos, por razones económicas:

> «*En los últimos años hubo una supervalorización del objeto artístico. El arte se ha convertido en uno de los mayores bienes. Esto hace difícil la vida de un coleccionista, pues algunos artistas subirán tanto sus precios que se tornarán inaccesibles. La solución es adquirir obras de artistas nuevos y no desesperarse.*» (Bernardi en Tiburski, 1987, p. 7).

La mayoría de los compradores, entretanto, eran asistemáticos y se dividían en términos de escuelas, en dos grupos: el grupo que buscaba el arte más tradicional, académico, figurativo y un grupo más joven, de poder adquisitivo medio, que trataba de adquirir obras de jóvenes artistas con lenguaje más contemporáneo y de precios relativamente bajos. Estos últimos compradores no aceptaban, en general, las producciones más radicales y representaban una pequeña baja del mercado.

Vemos así, expresado por los artistas y los marchands, y confirmado por los mismos coleccionistas, la existencia de un pequeño grupo comprador; un número todavía menor de coleccionistas sistemáticos; y el predominio de un gusto conservador.

Conclusiones

La desproporción del número de instituciones (sólo un Museo de Artes y tres o cuatro instituciones oficiales que realizan muestras sistemáticas) y del número de galerías y de coleccionistas, en relación con el número de artistas activos, creó a lo largo de la década un elemento restrictivo a nivel interno. A esto se suma la ausencia de galerías con peso nacional, que pudiesen mandar sus artistas fuera de R.G.S.; la ausencia local de crítica especializada que ayudase a divulgar la producción realizada en R.G.S. fuera de los límites del Estado (con excepción de Carlos Scarinci, que actuó en forma sistemática a partir de 1989 en las Revistas Galería y Guía de las Artes); a las dificultades de inserción de las galerías fuera del Estado; a la poca circulación en instituciones de otros lugares; todos estos obstáculos produjeron un elemento restrictivo a nivel externo.

Las excepciones fueron puntuales: por ejemplo, la actuación de la periodista Angélica de Moraes de la sección de artes en *Hora Cero*, hasta transferirse a San Pablo; y de Luiz Carlos Merten del *Diario del Sur* hasta el cierre del mismo; la realización de la revista *Artis*, de 1982 a 1984 y el *Boletín de Margs*, hasta diciembre de 1986; a la orientación de Margs, durante la gestión de Evelyn Berg, a la dirección del Atelier libre de la Prefectura, bajo la gestión de Vera D'avila. En el interior del estado, la actuación del Atelier libre de la Universidad de Caxias del Sur, bajo la dirección de Diana Domingues, y de las galerías de la Fundación de Lazer y del Turismo de Pelotas, dirigidas por Rogério Prestes de Prestes.

La variabilidad de los cambios que intentaban una mejoría de las condiciones de distribución, tal vez indicaban la rigidez del ambiente y el tipo de demandas del público. Tenía consecuencia previsible en el «retroceso» o «encogimiento» de muchos artistas. No podían salir de Puerto Alegre sino una vez cada dos o tres años, para no «saturar el mercado»; buscaban Río o San Pablo sin encontrar espacio o receptividad; buscaban entonces en el interior del Estado, donde el público era muchas veces todavía más conservador.

Las galerías poseían, además, problemas específicos: por ser pocas y grande el número de artistas; algunas exigían mucho, dando poco en cambio. Exigían muchas veces exclusividad, pero vendían poco, o no compraban las obras (dejadas en consignación), se divulgaba poco a cada artista; no tenían vehículos para hacer circular la información, a excepción de catálogos esporádicos de las exposiciones; cobraban un alto porcentaje sobre las ventas y, además, se prestaban las obras.

Vemos así que se instaura un impasse, la producción artística sin duda alguna era de alta calidad, pero frente a estas limitaciones impuestas por el circuito, surgían algunas preguntas: ¿cómo sobrevivir como artista sin hacer concesiones?, ¿cómo evaluar el propio valor sin conseguir insertarse en el circuito ni vender?, ¿cómo definir una identidad, individual y/o colectiva en estas condiciones?

Mencionamos desde el inicio del trabajo, el problema de las relaciones de poder: constatamos aquí, que las relaciones de poder desiguales tornan las posibilidades de pensar la identidad como más compleja y contradictoria.

Sin embargo, las identidades existen, por así decirlo, «en la práctica». O sea, como consecuencia de sus obras, muchos artistas sobrepasaron los problemas instalados por las relaciones desiguales de poder y por las manifestaciones que ocurrían en el nivel interno o externo. Sus producciones se atingen formalmente a patrones de calidades internacionales.

Al mismo tiempo, el análisis de obras permitió detectar especificidades reales, formales, que se suman, confirmando lo que los artistas habían apuntado en sus entrevistas. Tal vez lo que se puede colocar sólo como restricción es que el número de artistas con producción de alto nivel era comparativamente pequeño en relación con el existente en los grandes centros brasileros o internacionales. Evidentemente, la concentración de profesionales de alto nivel es mayor en los grandes centros por ser polos de atracción, que ofrecen un mercado mayor, o que hace que los propios artistas gauchos busquen muchas veces sistemas para ser vistos como lo hicieron Regina Silveira, Glauco Pinto de Morais, María Lídia Magliani, Pablo Houayeck y muchos otros.

En cuanto a la búsqueda de la identidad, constatamos que, definitivamente, ésta se separó, tanto en el nivel de la producción como del discurso, de cualquier concepto o intención regionalista. Y nuevamente, esta pregunta tal vez pueda aproximarse a los patrones internacionales contemporáneos. La posmodernidad de los últimos años revisó la cuestión de la identidad: la redimensionó en la medida en que cuestionó las divisiones que ocurren con la modernidad (erudito-popular, nacional-internacional), creando un nuevo sistema de estilemas múltiples que se interrelacionan (cf. FABRIS, 1984).

El internacionalismo de las vanguardias de los años 60-70 fue sustituido, en parte, por una vuelta al territorio, a lo local, a las raíces. Los términos internacional—local ya no se oponen; al contrario, se unen creando un sistema polisémico.

Las respuestas de los artistas indicaron ese cambio. Nuevamente, sin embargo, las cuestiones locales se ligan inextricablemente a las internacionales —y no podría ser de otro modo. Sin embargo, las respuestas de los artistas, y los aspectos de su producción, indican que las lecturas de los modelos fueron hechas de una manera propia y original. Pero cuando una deglución antropofágica, parece que ocurriera a lo largo de toda la década, las relecturas —que, como toda relectura, fueron también (re) creaciones, encontraron algo nuevo— la mirada que lanzamos sobre el otro tal vez sea nuestra manera de superar las relaciones de poder que nos fueran (y son) impuestas.

BIBLIOGRAFIA

ALTHUSSER, Louis. *Ideologia e aparelhos ideológicos do Estado*. Lisboa: Presença, 1980.

AMARAL, Aracy. *Arte e meio artístico*. Sao Paulo: Nobel, 1983.

BAUDRILLARD, Jean. *Para uma crítica da economia política do signo*. Lisboa: Martins Fontes, S/d.

BAYÓN, Damián et allii. *América Latina en sus artes*. Paris: Siglo Veintiuno — Unesco, 1974.

BENJAMIN, W. et allii. *Sociología da arte IV*. Río de Janeiro: Zahar, 1969.

BOURDIEU, Pierre et DARBEL Alain. *L'amour de l'art*. París: Ed. de Minuit, 1974.

CANCLINI, Néstor G. A socializaçao da arte —teoria e prática na AL. Sao Paulo: Ed. Cultrix, 1980.
— *La producción simbólica. Teoría y método*. México: Seglo Veintiuno, 1979.
— «*Políticas culturais na América Latina*» in NOVOS ESTUDOS CEBRAP, Sao Paulo, v. 2, n° 2, julho de 83.
— *Narciso sin espejos*. in: Imágenes desconocidas — modernidad y posmodernidad en América Latina. Buenos Aires: Clacso, 1989.

CATTANI, Icleia M.B. «Na superficie» in BERG, Evelyn et allii. Iberê Camargo. Porto Alegre: Funarte/ Margs, 1985.

CHAUÍ, Marilena. Seminários. O Nacional e o Popular na Cultura Brasileira. Sao Paulo: Ed. Brasiliense, 1983.

DAMASCENO, Athos. Artes plásticas no Río Grande do Sul. Porto Alegre: Ed, Globo, 1981.

DUVIGNAUD, Jean. *Problemas de sociologia da arte.* Río de Janeiro. Zahar, 1971. V. I

FABRIS, Anateresa. *O artístico e o estético.* Arte em Sao Paulo. n° 4, dez. 81.

FRANCASTEL, Pierre. *Peinture et société.* París: Gallimard, 1965.

FREITAS, Décio et allii. RS: *Cultura e ideologia.* Porto Alegre: Mercado Alberto, 1980.

GRAMSCI, Antonio. *Os intelectuais e a organizaçao da cultura.* Río de Janeiro: Civilizaçao Brasileira, 1979.

HADJINICOLAOU, Nicos. História da arte e movimentos sociais. Sao Paulo: Marins Fontes, 1982.

KERN, Maria Lúcia B. Les origines de la peinture «moderniste» au RS. París: U. Paris I, 1981.

KERN, M. ; ZIELINSKY, M.; CATTANI, I.B. Espaços do corpo: aspectos das artes visuais no RS. Exemplar datilografado, 1986.

LEITE, Lígia. Regionalismo e modernismo. Sao Paulo: Atica, 1978.

LYOTARD, J.F. O Pós-moderno. Río: José Olympio, 1986.

MOTA, Carlos Guiherme. Ideologia da cultura brasileira. Sao Paulo: Atica 1980.

OLIVEN, Rubén. O nacional e o regional na construçao da identidad brasileira. Revista Brasilera de Ciencias Sociais. n° 2, Vol. 1, out. 1986.

ORTIZ, Renato. Cultura brasileira e identidad nacional. Sao Paulo, 1985.

PEDROSA, Mario. «Internacional— Regional» — in *MUNDO, HOMEN, ARTE EN CRISE*. Sao Paulo: Ed. Perspectiva, 1975.

POLI, Francesco. *Producción artística y mercado*. Barcelona: Gustavo Gili, 1976.

PONTUAL, Roberto. *Explode geraçao*. Río de Janeiro: Ed. Avenir, 1984.

SCARINCI, Carlos. A gravura no Río Grande do Sul. Porto Alegre: Mercado Aberto, 1982.

SUBIRATS, Eduardo. Da vanguarda ao pós-moderno. Sao Paulo: Nobel, 1984.

TIBURSKI, Joao Carlos e SUTIL, Gisele S. Colecionar: arte, obsessao ou investimento? Entrevista com colecionadores. in: Boletim do MARGS. n° 31. Porto Alegre, out./nov./dez. 1986.

—Arte e congelamento. Entrevista com artistas e galeristas. in: Boletim do MARGS. n° 27, Porto Alegre, jan./fev./mar. 1986.

TREVISAN, Armindo. A escultura dos sete povos. Porto Alegre: Movimento, 1978.

WOLFF, Janet. A produçao social da arte. Río de Janeiro: Zahar, 1982.

ZILIO, Carlos. «Artes plásticas» in *Artes Plásticas e Literatura, o nacional e o popular na cultura brasileira*. Sao Paulo: Brasiliense, 1983.

SOBRE DESIDENTIDAD LATINOAMERICANA:
LA DISIMILACION.

Cristián Vila

> *Salió fuera y miró el cielo. Llovía estrellas.*
> *Lamentó aquello porque hubiera querido ver un cielo quieto.*
> **Juan Rulfo; Pedro Páramo.**

1. Cuando imaginamos dos universos de lenguaje que se confrontan, la primera evidencia es que lo heterogéneo está allí y que no puede ser de otra manera, porque las «reglas» no son las mismas. Hasta ahí todo estaría bien, pero, enfrentados a esa realidad y salvo en el caso de un litigio (que necesitaría de un tribunal que aplicara la Norma), es Sócrates (¿integrante del tribunal?) quien, una vez más, pautará dicha realidad. Y el problema va a estar precisamente en que no vamos a tratar de resolver el conflicto (aquél suele resolverse en la desaparición o en su negación como realidad evidente), sino que el objetivo será resolver la heterogeneidad como tal. Cuando aceptamos la necesidad de los Principios Primeros, una de las partes está necesariamente en el error pero —y aquí radica la trampa de la actividad socrática— lo heterogéneo puede aceptarse perfectamente como un problema de des—acuerdo o de disonancia, ya que siempre (según esta actitud) habrá la posibilidad de que todo, incluso el «trabajo del negativo», esté contenido en la totalidad. De este mismo modo, lo desconocido puede darse perfectamente a conocer por intermedio de reglas establecidas a priori. En ese sentido —y aquí entramos en lo que nos ocupa— el «indio» sería una de las figuras

«atrasadas» de la unicidad histórica: es decir, ya contenido en una historia universal pero como estadio primitivo — o pura exterioridad. Porque para Occidente, el universal no es heterogéneo, pero el heterogéneo puede resolverse en el universal. Así también América Latina.

Dicha actitud es ya una tradición. Para Descartes, por ejemplo, la diversidad no es conciliable con la perfección. Descartes decía que una obra es perfecta cuando ella ha sido realizada por un solo maestro. Dice también que si nuestros juicios no son tan sólidos como deberían ser, esto se debe al hecho de que cuando éramos niños fuimos gobernados por nuestros apetitos y por preceptores que, la más de las veces, no estaban de acuerdo entre ellos. Así también, una ciudad construida por un solo arquitecto sería símbolo de perfección; las ciudades tal como son deberían hacernos desconfiar del reino de los sentidos. Sólo el ejercicio de la Razón evitaría que nos equivoquemos en un mundo donde la diversidad, lo indeterminado, la circularidad, el *génie malin*, nos conducen al error. Como se ve la Razón es aquí, una vez más, unívoca. La «larga cadena de razones» parte de principios firmes, claros y distintos, donde la secuencia que resulta debe conducirnos a encontrar el orden buscado. Cómo saber si esos principios son «perfectos» y verdaderos, forma parte de otro debate. En éste, dice Wittgenstein, vemos que:

> «Si lo verdadero es lo que está fundado, entonces el fundamento no es verdadero, ni falso tampoco». La certeza de que todo eso pueda o no ser verdadero, diría el mismo Wittgenstein, depende de nuestro «sistema de verificación».

Para Hegel pareciera ser que la verdad no puede estar en el diferendo sino en la identidad, pero en la identidad no es cuestión de negar las diferencias sino de resolverlas, sobrepasarlas. En ese sentido la unidad presupuesta de la identidad es, en realidad, el resultado de una superación de las contradicciones (lo heterogéneo, las diferencias), aunque ese resultado (identidad absoluta del sujeto y del objeto) no puede ser obtenido más que en función de un a priori, de una realidad definida de antes. No hay resultado sin determinación. Unidad del saber y del objeto, «concordancia del pensamiento y del objeto»: Hegel tenía el proyecto de poder integrar todo en la totalidad transparente de un sistema coherente y así llegar a la homogeneidad del Absoluto. El conflicto, las antinomias, la opacidad, lo confuso —lo negativo—, no pueden ser más que una suerte de «pasaje» necesario hacia un estadio superior que es aquel de la razón en acuerdo (o consonante) con la realidad; de la equivalencia entre idea y existencia.

Para los discípulos de estos y otros pensadores, América Latina fue durante mucho tiempo un problema de adecuación o, lisa y llanamente, una aberración histórica en cuanto a su génesis y posterior desarrollo. Naturalmente, este juego de supuestos calificatorios (y descalificantes) sólo era posible desde un punto de vista lineal, en función de una totalidad. En estos tiempos de derrumbes, cuestionamientos y posmodernismo en tabletas, pareciera que ya no es posible seguir pensando así; lamentablemente esto sólo ha sido incentivo para llegar por otras vías a lo mismo.

2. Lewis Carrol en *Alicia en el País de las Maravillas* crea relatos sobre los límites de sentido donde se multiplican los «juegos de lenguaje» y la libre circulación de frases, enunciados o relatos paralelos. Para la historia de la relación de lenguajes Europa/América Latina las aventuras de Alicia son absolutamente ejemplares: como la historia del Gato que sonríe (y que, como dice el mismo está loco, ya que es lo opuesto a los perros, que hay perros de guardia o perros policiales, no así entre los gatos). Alicia se sorprende por la sonrisa del Gato, aunque no se trastorne por una realidad supuestamente irracional o absurda. Alicia es siempre una niñita. Llega un momen-

to en que no se sabe si el Gato sonríe porque está loco o si está loco porque sonríe. Poco importa, Alicia trata de comprender y todavía más cuando el Gato termina por desaparecer, quedando sólo su sonrisa: Alicia dirá que ella ya ha visto gatos sin sonrisa pero nunca una sonrisa sin gato. Del Gato que sonríe queda lo que lo define como tal: la sonrisa. Europa fue alguna vez (o quiso ser) como Alicia frente al Gato que sonríe, incluso es posible que en la Europa de mañana no haya más que Alicias. ¿Habrá también Gatos que sonríen? Porque del lado de América Latina hay una sonrisa sin gato: América latina misma. Alicia estará siempre maravillada frente al Gato que sonríe y más aún, frente a la sonrisa sin gato. Lamentablemente Alicia siempre termina por crecer, es decir, lega a la negación absoluta de los gatos que sonríen (y de las sonrisas sin gato). Y cuando ella crece, cesa de ser Alicia, aquella que es también uno de los numerosos relatos en circulación al interior del relato que engloba todos los otros, ya que esta realidad es un amasijo de pequeñas historias y de segmentos de historias que se mezclan, se transmiten, se mutiplican, se diluyen, se metamorfosean. No hay un sólo narrador, hay varios; cada relato va a multiplicarse en una infinidad de otros pequeños relatos. Alicia y el Gato que sonríe son, al mismo tiempo, narrador y aquel que es narrado; ellos actúan y, al mismo tiempo, se verán actuar. En ese sentido, la relación de lenguaje Europa/América Latina «ideal» sólo será posible si se tienen en cuenta la relación Alicia/Gato que sonríe y las «razones» de cada uno que son también otros «juegos de lenguaje», como diría Wittgenstein. Por eso, también, hay que deshacerse de la dictadura de la pura significación y tratar de discernir cómo se encadenan las palabras o cómo se utiliza su mecanismo (es «la lección» de Alicia y del Gato que sonríe). Aceptar que no hay unidades, totalidades, pero relaciones, multiplicidades, singularidades, desplazamientos. Y si no lo aceptamos es porque seguimos otorgándonos respuestas inscritas en el discurso lineal occidental que se quieren válidas en cualquier circunstancia y lugar, aunque muestren que algo no marcha y traigan como resultado confusión y opacidad. Razón por la cual solemos creer que no hay más alternativa que el olvido o la ignorancia.

Hegel arrojaba sobre la naturaleza la responsabilidad de la existencia de conceptos inexactos, lo cual es una variante del platonismo que ve la realidad sensible como un simulacro de la verdadera realidad; otros dirán que la confrontación de la Idea con la realidad en el crimen «no quita en nada a la grandeza intrínseca del movimiento». La confusión y la opacidad se producen en el momento de la confrontación de la totalidad con el detalle, de ese discurso lineal —y «científico»— con los discursos circulares y míticos latinoamericanos. Discursos todavía teñidos de jirones, de restos de culturas anteriores al «descubrimiento», porque como lo dice el escritor mexicano Carlos Fuentes, se trata de culturas que no han matado a sus dioses:

> «*Todos, hasta los cristianos, los mataron para poder adorarlos. Sólo aquí andan sueltos, burlándose, poniéndolo todo de cabeza, haciendo héroes de los traidores y paradigmas de los rateros*».

Porque, así como el descubrimiento plantó el malentendido (Colón buscaba las Indias, creyó que había llegado a Cipango — Japón...), la conquista (los conquistadores se interrogaban sobre la naturaleza humana de los «indios», los «indios» sobre la naturaleza divina de los conquistadores) dejó en claro que la realidad de América Latina es un problema semántico (disimilación en el lenguaje). Y porque América Latina es un continente desidéntico, el encuentro de su identidad —pero no en un sentido aristotélico, sino como apertura (en tanto relato que da nacimiento a otros relatos y otras «reglas del juego») —, pasa necesariamente por la esfera del lenguaje. América Latina es un continente desidéntico, porque está en alguna parte entre lo que era antes del «descubrimiento» y lo que devino en razón de la influencia europea —en tanto referencia continua a un modelo arborescente, universal. Por esta razón, y por un prurito de independencia, largo tiempo se dijo y escribió que la identidad latinoamericana se encuentra en sus raíces: los «indios». Pero ya se sabe (aunque no se repita con la frecuencia necesaria) que se arrasó con los «indios» de la mayor parte de su territorio: lo que no hicieron los conquistadores lo hicieron los criollos. Igualmente se ha escrito y dicho hasta la saciedad —dictaduras «nacionalistas» incluidas— que América Latina pertenece al Occidente por el sólo hecho de haber sido conquistada y colonizada por él. Sin embargo, ¿de qué identidad podemos hablar cuando vemos que todo no ha sido más que repetición?, ¿qué hemos estado y estamos aún haciendo en las delicias platónicas del modelo y de la copia? y que, como diría Deleuze:

> «(Aquello) no es la identidad, pero el medio de subordinar a lo idéntico, y a otras exigencias de la representación, lo que se les escapaba de la diferencia en su sentido primero».

El continente latinoamericano vive todavía en la hora del prodigio producido por la conquista, que consiste en tratar de encontrarse una identidad a toda costa, siendo que la Emancipación se hizo según el modelo europeo. De ahí resulta la aparición de esos seres de ficción (medio racionales, medio improvisados) tan característicos de América Latina y que no son ni híbridos ni andróginos porque son desidénticos, y que producen los despertares dolorosos de la Razón que hacen de este continente de la desidentidad una lucha continua más allá de toda necesidad real.

Ahora bien, ¿qué hacer para acercarnos a una definición de nuestra identidad si no existe un «pensamiento latinoamericano» que se oponga al pensamiento occidental en cuanto tal? Hasta ahora sólo poseemos comentarios o tristes copias de las corrientes en voga en Europa. Y no puede ser de otro modo dadas las condiciones con las que tomó forma el continente latinoamericano. Condiciones que tienen que ver con el modo como se destruyeron las culturas indígenas durante la conquista y durante la construcción de las naciones latinoamericanas en tanto naciones, y la manera como se produjo la Independencia. Como lo constata Alain Touraine:

> «(los) países de América Latina (...) son sólo parcialmente sociedades nacionales: arriba, los privilegiados pertenecen aún más a un sistema económico cuyo centro no está en América Latina; abajo, los excluidos, ciudades y, sobre todo, campos, no participan casi en los intercambios económicos y en el sistema político nacional. La existencia de categorías sociales que no se definen por un nivel relativo de participación, pero por privilegios o subprivilegios, tiene consecuencias políticas directas».

Por eso, es del lado de la polimorfia esencial del lenguaje donde habría que encontrar una salida a todo esto. Y entiendo por polimorfia «cuerpos» cuya superficie estaría por todas partes (la superficie como lugar donde se juegan las génesis eternas, las singularidades, las disimilaciones, las multiplicaciones, las composiciones o los encuentros): ni envoltura ni símbolo, la superficie sería un lugar sin centro. Porque en América Latina todo se expresa a través de los múltiples relatos del pueblo (conglomerado de mezcla y de heterogéneo); es allí donde se confrontan y se afirman una infinidad de cuerpos en un cuerpo como lo muestra, cada vez más, su literatura, su música y todas sus artes (el debate no se sitúa más a nivel de la cantidad de identidad latinoamericana o de «europeísmo» contenido al interior de dichas manifestaciones, sino que en función de la capacidad que ellas tienen de mostrar o de crear la diversidad —el lenguaje no es Uno, la realidad latinoamericana tampoco). De todos modos, si tomamos América Latina tal cual ella es— un continente de la desidentidad —la cuestión está en otra parte: cómo hacer para que todos los relatos, todos los mundos propios, sean afirmación de autonomías y no su integración o su disolución en un discurso de la unicidad o de la identidad en tanto Ser dado o por encontrar (¡Dios sabe dónde!).

Hasta ahora la pluralidad ha sido diluida en el malentendido: se confunde pluralidad y pluralismo político, pluralidad y rechazo de lenguajes otros, pluralidad y reconocimientos del Otro en tanto condición de existencia del Yo e inversamente. Es decir, no se piensa la pluralidad al interior del lenguaje — o en tanto que lenguajes.

Para Spinoza, por ejemplo, esto llamaría a una reforma del entendimiento en términos de extensión y de multiplicidad:

> «Las ideas de las cosas que el entendimiento forma a partir de otras ideas pueden ser determinadas por el espíritu de numerosas maneras».

Dicho de otro modo, el lenguaje no será Uno, incluso si algunos llaman a esto percepción, lo que en realidad apuntaría a lo mismo (¿una percepción es un mundo propio?). Pero este desvío por Spinoza no es gratuito: es en este sentido (la extensión, la multiplicidad, «la infinidad de cuerpos en un cuerpo») que está abierta la posibilidad del encuentro (en el sentido del conatus spinozista), en oposición a la mediación (en el sentido del resultado hegeliano). O, formulado de otro modo, el encuentro sería encontrarse en la realidad de los lenguajes heterogéneos (ideas que «pueden ser determinadas por el espíritu de numerosas maneras»). Es decir, afirmar la alteridad y lo múltiple en tanto espacios concretos de creación (o de composición de las relaciones entre singularidades, de cuerpos que pueden ser afectados aumentando su poder de ser activo), afirmar no la Libertad abstracta sino, las libertades (o estar en posesión de toda nuestra potencialidad de ser). Pero no en términos de integración, de limitación a una trascendencia dada (la ley o la Historia, por ejemplo), ni de disolución en la arborescencia del universal (la Idea que se despliega en el mundo) ni de disminución de mi poder de ser activo (las pasiones tristes como moral, el odio de la vida como consigna, etc), porque si no caemos en los que dice Deleuze:

> «A la unidad de composición, a la composición las relaciones inteligibles, a las estructuras internas (fábrica), substituimos una grosera asignación de parecidos y de diferencias sensibles, y establecemos continuidades, discontinuidades, analogías arbitrarias en la Naturaleza».

Por estas razones habría que estudiar el universo de lenguaje latinoamericano como tal, es decir, en tanto multitud (donde el conatus o encuentro en el sentido spinozista del término tiene toda su significación y todo su poder activo). Es también en ese sentido que podemos hablar de «pequeñas historias», de multiplicación de relatos paralelos. Es con esto que podemos hablar de la presencia de un pueblo (y entiendo por pueblo una multitud que expresa y muestra formas de vida — o lenguajes), ya que es allí donde los pueblos dicen lo que la mediación niega, disuelve u oprime: la cuestión sería, entonces, «la tradición popular» latinoamericana en tanto multitud y alteridad (y esta «tradición popular» sería el lugar donde se mezclan —»sin pies ni cabeza»— todas las historias de antes y de después de la conquista). Porque es importante subrayar que en América Latina (al menos en la parte sur del continente) se sigue estando acosado por la presencia de los narradores salvajes. Hoy como ayer esta tradición «oral» se perpetúa por doquier (ver la novela de Mario Vargas Llosa, *El Hablador*), y la importancia de estos habladores se insertó en algún lado del imaginario latinoamericano, de tal manera que los escritores (y los artistas) del continente son a menudo aquellos que van a «decir» las historias que circulan (oralmente) al exterior del poder; poniendo en ristre, afirmando el propio sueño y los sueños de los otros. En este sentido, la hipótesis privilegiada es que el «realismo mágico» del que tanto se ha hablado no es una invención literaria «para divertir» al pueblo, sino la verdadera realidad latinoamericana. Es por esto que América Latina está siempre haciéndose, a pesar de los conquistadores antiguos y modernos; su historia siempre es reinventada, su fundación aún no se ha hecho.

4. La formidable diversidad de lo que los sociólogos llaman «el modelo latinoamericano» puede, a primera vista, provocar el desánimo (desde un punto de vista histórico-hegeliano), pero suscitar, por el contrario, muchísima esperanza si nos situamos respecto a lo múltiple —a los relatos paralelos—, respecto al disentimiento y a la posibilidad de una apertura. Y entiendo por esto una situación en la cual la sociedad es conducida a poner en marcha dispositivos que, si no están llamados a poner fin a la mediación, constituirían al menos una garantía contra el arbitrario —en tanto que estrategias transversales de «juegos de lenguaje» diferentes— y un camino que puede llevar a que «la masa entera» (en el sentido spinozista de multitud) sea ella misma la garantía (es decir, hacer de la sociedad el lugar de composición de las relaciones que aumentan nuestro poder o potencialidad de ser activos, al tiempo que hacemos de la vida una obra de arte; lo que es desde ya garantía contra el arbitrario o contra lo que puede destruirme).

Pero ¿dónde buscar la identidad latinoamericana? ¿Es verdaderamente necesaria para que el continente se asuma como continente diferente? ¿Se puede tener una cuando la realidad no está unificada, cuando la circulación (y multiplicación) de los relatos paralelos espera aún una legitimación, al menos en el reconocimiento de su realidad? ¿Podemos continuar utilizando como únicos criterios lo «verdadero» y lo «falso», cuando se sabe que éstos buscan siempre negar o disolver la alteridad, la multiplicidad? El problema semántico de América Latina estará siempre ahí si no reconocemos la realidad de lo heterogéneo.

No porque se ha decretado la muerte de los grandes relatos de legitimación resulta que ahora estarían circulando sólo sus restos: la imagen de una América Latina vaciada de Espíritu está aún presente, enmascarada, desviada, tal vez, por la imagen de una América Latina saliendo de la infancia o, en el mejor de los casos, como formando parte de una linealidad que se legitima en tanto ella trae el Progreso (la Modernidad) —esquema en el cual la unicidad, el consenso, la territorialización de elementos dispares es, al mismo tiempo, el motor y la meta a la que hay que llegar cueste lo que cueste. ¿Cuáles serían entonces las estrategias de afirmación de la alteridad? Ya que incluso el tan a la moda discurso posmodernista no parece darse cuenta de que la fuerza o la potencialidad del fenómeno estaba aquí hace mucho, presente en todas las coordenadas formadas por las singularidades sociales latinoamericanas. Así, los operadores de la disimilación originaria van a jugar a la introducción constante de residuos de «juegos de lenguaje» anteriores a la conquista con los relatos múltiples de pasados heterogéneos venidos de todas las comarcas del lenguaje (¿o del mundo?). Por eso, la tentativa de homogeneización de la realidad latinoamericana por un modelo unificador etnocéntrico (universal), o en tanto que lenguaje subordinado a una universalidad histórica y totalizante, reveló ser un absoluto fracaso. La circulación, incluso no clandestina, del deseo (que es siempre plural) como expresión de varias pequeñas historias de exilio, de inmigración, de cambio de estatuto (o de «cambio de juego»), de explotación, de no reconocimiento de la alteridad, de revuelta, de discursos irreductibles, no hace más que mostrarlo.

Habría entonces que encontrar la identidad donde menos se espera: en la desintegración, en la fragmentación, en el derrumbe de la significación, (en tanto necesidad legitimadora) y del sentido, en tanto certeza o «religiosidad». Y esto tanto a nivel de las estrategias políticas como a nivel de las estrategias económicas alternativas o paralelas (reticulado de mercaderías a pequeña escala entre comunidades a la base de la máquina oficial, «fondos comunes», etc). Encontrar la identidad en el derroche, en la dispersión (en la destotalización), no como negación del modelo o de otras verdades arborescentes, sino como afirmación de otra cosa. Encontrar la identidad en una especie de disolución histórica, es decir, en una no linealidad de lo aconteciente —esto como suceso o sorpresa y no como momento de la necesidad. ¿Encontrar la identidad en el reconocimiento de lo desidéntico? Sí, pero habría que desconfiar de los discursos de un cierto posmodernismo que, en América Latina, no harían más que adornar o enmascarar el discurso de la totalidad haciéndola aparecer como algo abierto a las singularidades —una América Latina reconciliada con su marginalidad o con su «antiverdad». En el fondo, este problema de lenguaje sigue teniendo estrecha relación con el verbo Ver del que habla un Matta o con el oficio de pulir lentes para ayudar al Ojo, como lo hacía el viejo Spinoza. En realidad, la estrategia del universal sería hoy utilizar la pluralidad para disolver, una vez más, las disimilitudes en la unicidad «tolerante» de su «en sí y para sí»; de enriquecer multimediáticamente por la profusión de viejos y nuevos iconos (libre mercado, «reino de Dios», Nación una e indivisible, «nuevas revoluciones»...).

Habría que reconocer América Latina como lo que es: otro relato donde relatos paralelos se imbrincan y se juegan al interior de la máquina social y que buscan metamorfosearse en pura alegría de superficies y de cuerpos libres. Donde el goce estaría en el hecho de no querer imponer nada; de estar siempre en el reconocimiento de lo heterogéneo en tanto afirmación de lo múltiple. En el hecho de poder componer la relación de las singularidades, de los cuerpos «en un cuerpo» en vista de un más (poder de ser activo) del Yo y del Otro que es otra manera de enfocar la vida: como obra de arte. Porque todo es lenguaje:

> «*Un aire, un aire, un aire,*
> *un aire,*
> *un aire nuevo:*
> *no para respirarlo*
> *sino para vivirlo.*»

ARTE E IDENTIDAD
EN AMERICA LATINA

María Eugenia Brito

Hablar de la relación entre arte e identidad en América Latina, supone y ha supuesto siempre, hablar de una inestable y compleja relación. Presupone hablar de las condiciones de producción del arte hoy, de la (s) historia (s) de esas producciones y de cómo ellas han incidido en la gestación de una cultura latinoamericana.

Identidad es, asimismo, un concepto que, lejos de ser fijo se moviliza de acuerdo a los itinerarios simbólicos que cubren y recubren el continente latinoamericano; más aun, la identidad, la pregunta por la identidad parece ser el signo del continuismo de un paradero en el imaginario de este continente, que por su inestabilidad, por su discontinuidad atrae la dimensión del gesto fundacional. Gesto que se establece como ausencia de un nombre, por supuesto, el nombre del padre.

El exceso de este gesto, su reiteración sintomática revela la necesidad política de la pregunta y curiosamente, la necesidad de una respuesta que emana más bien de ciertos imaginarios que han cruzado —han surcado— la historia de América Latina.

Ese es el modo como se yuxtaponen y se encuentran, por decirlo de alguna manera, arte y política. Si el entenderse latinoamericano pasa, entre otras cosas por el problema del nombre, entonces nos situamos en una suspensión que provoca una cierta incomodidad en los discursos, un punto ciego y rebelde, indomesticado, que no se deja guiar fácilmente por los modelos culturales levantados con el afán ya de cohesionar nuestros países (por ejemplo, el discurso de la nación, del S. XIX) o bien de elevarlos a las categorías culturales europeas (Borges).

La gesta y su resonancia

La Conquista a la que denominamos gesta implica no sólo la devastación de todo el mundo indígena, la conquista señaló, además, este continente como la tierra del desencanto y de la usura. Las conquista nos ocupa y nos segmenta como ocupados por un ojo que se mira y no nos ve y frente al cual urdimos ceremonias de visibilidad, rituales de deseo, estatutos de independencia. Sedimentos de lenguajes que nos recorren, fantasías abiertas para salir del anonimato, maneras de autoesgrimirse, de autogenerarse, para no caer en el vacío que nuestro destino de espejo de un conquistador agotado y estéril nos legara.

El espejo es dual, pero asimétrico; el problema de la identidad es una de las máscaras de la otredad que porta el latinoamericano. Pero esta asimetría es inherente al hecho mismo de ser conquistados y colonizados; es más, viene desde la lengua que este sujeto importa, alquila y que lo ocupa.

En otras palabras, mundo y referente no son iguales. Si el mundo de la lengua latinoamericana no está suficientemente expresado, el referente se presenta como la puesta en escena de objetos similares a los europeos, pero perturbados con marcas completamente diferentes, lo que nos hace pensar que la identidad latinoamericana entraña el laberinto de los mundos posibles y eso, a partir de su heterogeneidad, de los lenguajes ágrafos, que a la manera de discursos mudos ritman las culturas desaparecidas y no obstante existentes.

A eso se denomina la resistencia del mundo latinoamericano: no se deja referir por el lenguaje español,no
aparece claramente en él. En parte no lo hace, porque
sus ejes de sustentación desaparecieron o bien, porque
para sobrevivir se acoplaron a tácticas, como el disimu-
lo, el silencio y hasta muchas veces, el exceso, la super-
abundancia de las apariencias. Podríamos hablar de rui-
nas parlantes o de una mudez sonora.

Y es que el lenguaje español no le basta al mundo
que genera, de ahí la sensación de falta o de exceso, dos
sensaciones antagónicas pero que dibujan el sentido de
este desajuste entre el significante material del español
y los significados que acuñaran como imagen del así llamado tercer mundo.

El tercer sentido de Barthes: ¿un significante en blanco?

Bajo los significantes que estatuyen en su cadena la
semiosis del Nuevo Mundo, se desliza un tercer sentido:
un significante que genera un significado errático, oscuro, provocador de metáforas, bajo las cuales se nombran
los objetos de un mundo que se sustrae, se refracta dejando vastas zonas de la realidad incomprendidas, enigmáticas.

Se perfila, así, nuestra cultura como un cuerpo ca-
rente, significante en blanco bajo el cual se deslizarán
incesantemente nuevos significados que generarán nuevas visiones de la naturaleza y de la cultura, como ocurre en textos posteriores de la literatura hispanoamericana: Pedro Páramo de Juan Rulfo, los poemas que tienen como palabra-tema la Cordillera, de Gabriela Mistral;
Alturas de Machu Pichu, de Neruda y Los Desiertos de
Atacama del texto Anteparaíso, de Raúl Zurita. Teogonías
acalladas mantienen su silencio tras pampas, valles,
montañas y desiertos. Como memorias ancladas que re-
quirieran nuevos mitos para expresar sentidos no reve-
lados aún. Teogonías que ignoradas despiertan la codi-

cia de los nuevos conquistadores, que, despreciando su valor fundante lo destruyen, destruyendo también su capacidad articulatoria de cosmogonía.

La mirada que el conquistador tiene sobre el conquistado es tan compleja como compleja es la del conquistado frente al conquistador. En el primer caso, el asombro se mezcla al menosprecio, el menosprecio con la fascinación y la admiración. Mirada oscilante, plural como los nombres que reciben los lugares y los hombres de la tierra, que comienzan a entrar en una nueva dimensión ontológica y existencial. Su lugar va a ser siempre, si no la resistencia en el campo de las armas, la negación, en la mayor parte de los casos (hablamos, sobre todo, de los araucanos) a la conquista:

> «Hizóseles una industria que fue unas ollas soterradas en la tierra (y aún yo puse algunas), y las amediavamos de agua. Amanecían en tres y cuatro ollas que se ponían en una casa quatrocientos y quinientos rratones ahogados... y yo pregunté a algunos yndios que sí solían venir de aquella arte otras vezes. Dixeronme que sí, que cierto, en cierto tiempo solían venir de aquella manera, y que los hechiceros hacían hoyos en que los hacían meter a estos rratones, y que agora los avían soltado por amor de la venida de los christianos. Esto le hazen entender/estos hechizeros a la demás gente, y que ellos lo pueden hazer»[1].

Se resuelven entonces estas dualidades en el clivaje de dos culturas guerreras: el conquistador se aferra a su código, pero al mismo tiempo el cambio de referente le obligará a crear nuevas significaciones en donde, por carencia de traducción o calco español, admitirá el nombre indígena (básicamente en los lugares geográficos, piedras, plantas, nombres de indios, etc.).

---

[1] Vivar, Gerónimo de. *Crónicas y relación copiosa y verdadera de los Reinos de Chile.* Ed. de Leopoldo Sáez-Godoy. Colloquim Verlag, Berlín, 1979.

La utopía americana comienza: el lenguaje cubre y encubre un referente que el ojo ciego y la mirada parcial fetichiza, iconiza, niega en toda su dimensión. Pero esta tramoya de signos del código español admitirá en su urdimbre, por la insistencia errática del tercer sentido la transferencia de imágenes, en un gesto que va de lo «real maravilloso» hasta el absurdo y la inclusión de la patafísica* como modo de aprehensión de la escurridiza realidad.

El español, lenguaje del orden y la domesticación, elide al conquistado. Desplazado su ser por demoníaco, se aferra a su lenguaje. A la cautela, que para el Cono Sur es una tradición. Aprende el silencio, el saber del silencio, las estrategias seudomiméticas y desplazatorias del oprimido.

Sabe que el español lo necesita como «pieza de servicio». Y utilizará este lugar existencial para enterarse de lo que se espera de él y desde ese conocimiento, poder interactuar. Su ayuda será el manejo del referente espacial: de la tierra sacará su fuerza para adquirir una nueva dimensión ontológica. Pasar de «pieza de servicio» al «otro» coincidente en el deseo del cual brotará el mestizaje.

El mestizo, entonces, no será sino el producto de un juego de espejos invertidos. Tendrá, por una parte, una conciencia de valores europea y por otra, una adhesión inconsciente a las teogonías sepultadas, que subsisten soterradas, embozadas en diferentes prácticas, creencias, tradiciones. A las que sabe fetichizadas, reducidas a piezas de museo. La emotividad persiste en una paralingüística que es parte integrante de su ser y que sólo más tarde podrá liberar. Este nivel cultural, en esa época y en la siguiente, será paradójicamente amado y odiado, recuerdo de su orígen de guerrero y de guerrero vencido. Recuerdo de una pérdida. Y de una madre humillada, tomada sólo como reproductora.

---

* La ciencia de las soluciones imaginarias, que acuerda simbólicamente a los lineamientos las propiedades de los objetos descritos por su virtualidad (Dic.P. Robert), palabra creada por Jarry; comparación jocosa de (meta)física.

La primera textualidad americana— la que acota el territorio y designa un mundo— es un tejido de signos para los cuales no existe decodificación, sino más bien un desciframiento de capas que estratifican la multiplicidad de signos constituidos por este juego entre el lenguaje del colonizador y la persistencia de una cultura dominada como inconsciente generador de un habla intraducible a ese código.

Esta habla para hacerse comprensible —para hacerse escribible— necesitará revelar en una especie de trabajo de traducción las operaciones productivas de significados del lenguaje dominante, es decir, repensar la naturaleza de esta lengua, lo que le es más entrañante y vehicular. Volverla a modular de acuerdo a nuevos órdenes sintácticos, semánticos, gramaticales. Es la historia de nuestra cultura: cómo coexistir en un mundo cuyas claves han sido de antemano estatuidas, cómo cohabitar y deshabitar esas claves.

Lo que vuelve salvaje, bárbaro, indomesticado a ciertos imaginarios que han descentralizado esas operaciones para trasladar en ellas modos de articulación inéditos, singulares, irreverentes.

El (los) mensaje (s) que estas hablas rodean no será (n) comprensible (s) cabalmente, sino sólo como modismo, voz popular, deformidad... lenguaje marginal en su mayor parte cuyo valor lingüístico será adjudicado al plano connotativo del lenguaje, así como su valor cultural y simbólico será desplazado al «color local» y al mero folclor. ¿Pero, no es ésa el habla ocupada por el sujeto subalterno para poder emerger?

El gran arte y la literatura contemporánea en nuestro continente han hecho posible la configuración de una mirada de apertura que deconstruye los significantes del lenguaje dominador y colonizador haciendo reflejar sobre él, en el espesor de su red material, las marcas, las incisiones que dan cuentas de una forma de residir la lengua prestada. Operación de perforación, de remiendo, cuya textura señala la huella de una vagancia, de mutaciones y de coexistencias múltiples.

En los primeros momentos en que la realidad americana se ficcionaliza — y lo hace sólo parcialmente como hemos visto — esta habla no apareció al lector más que como un sentido oblicuo que fascina o aterra porque se escapa de los sentidos denotativos, de la precisión que los actos comunicativos exigen.

Porque tras la reducción de la realidad : la no mostración del mundo— su irreductibilidad al lenguaje —el español siente la necesidad de explicarse a sí mismo. Es así como emerge un metalenguaje de desciframiento de lo real, lo que indica que el conquistador sintió su lenguaje insuficiente para comprender la escena americana. Frente al cambio de su conciencia, por haber realizado acciones nunca antes previstas, Pedro de Valdivia siente la necesidad de autoexplicarse en sus Cartas. Frente al panorama de destrucción de Chile, Ercilla advierte el horror de la «gesta».

Todas estas reflexiones nos llevan a pensar como necesaria para la lectura de la historia de la ficción y del arte latinoamericano, el desciframiento de las metáforas y metonimias que recubren el discurso cultural de América Latina, teniendo presente la opacidad que todavía mantiene el mundo que se nombra. Referirse a América Latina es referirse a un tropo, un mito cuya factura real no ha sido pensada a cabalidad: ha sido sugerida. A través de signos que murmuran y callan y en esta oscilación atraen lo inexplorado y sigiloso de las culturas soterradas.

La pieza de servicio

Así aparecieron designados los indios, ése es uno de sus primeros valores: la utilidad que trae como problema la

103

falta de sentido, la falta de ser. Un problema que se le ha adjudicado a la mujer: ella es no-toda, dice Lacan, releyendo a Freud en sus Escritos.

América Latina, continente de la elipsis y de la sugerencia, continente de la falta y la proliferación, ¿no ponen en jaque todos estos epítetos las categorías culturales de Occidente? Si una inversión de espejos nos sitúa en el lado más frágil de la balanza: el lado femenino como la Otra del europeo o del norteamericano, nos pierde en el discurso como extravío de un viaje. Viaje que implica un saqueo y una diseminación.

El saqueo pasa por los cuerpos indígenas, torturados, violentados, domesticados.

La diseminación pasa por la dificultad de centrar el sentido: cómo anclar una verdad: la española logocentrista, expansionista en una «pieza de servicio», aunque curiosamente sean estas mismas piezas las que primero aprenden el uso de la lengua española. Pero es esta devaluada pieza la que abre el mundo al español, le enseña los ríos y los valles, le señala el paisaje... pieza por pieza... fragmentariamente, no en una totalidad.

Polisemia del español-latinoamericano, marcada por la mutilación y el desprecio, por una parte, incrementada por exigencias políticas claramente estipuladas por la Corona: clasificar, demarcar, señalar. Nombrar de acuerdo a un formato, lo que implica romper con el imaginario europeo y perderse en ese otro devaluado y fetichizado como objeto.

El poder de esos oprimidos fue el préstamo de un cuerpo, una lengua, un ser para romper con una modalidad cultural en esa operación que subsume todo el continente americano y su historia y que se denomina el mestizaje.

Polisemia de la historia: oscilando entre Malinche o Scherezade, la madre latinoamericana traduce o cuenta. Cuenta fábulas, cuenta el mundo, como lo señala un poema de Gabriela Mistral: Y en esta traducción, en ese cuento, desde una lengua de mujer se articula la lengua del subalterno y su inscripción en el ser occidental, porque hereda un nombre y un apellido europeo con el cual la pieza de servicio pasa a formar parte del primer mundo, como su objeto de placer. Placer que le costará una ruptura con su propia y preciada autorrepresentación. Pues el Otro, la otra existe, bajo cara mestiza y en múltiples lenguas que diseminan, traducen, devuelven, pieza a pieza el mundo español en viajes más oblicuos, más insistentes e inesperados.

Habitando el hiato

La conexión entre los procesos artísticos y literarios y el desenvolvimiento social aparece hoy invisible. A menos que los productores de prácticas artísticas sean capaces de generar sujetos capaces de habitar políticamente un espacio productivo que se intersecte con los intereses y necesidades generadas por un mercado que instituye hegemonías dentro de un orden culturalmente legible. Entonces, toda práctica cultural que desmonte los códigos culturales que nos habitan, cualquier pensar que intente resistir, subvertir, o por lo menos atenuar el impacto de un mundo vastamente controlado, segmentado, ordenado de acuerdo a una red de poderes que detesta cualquier interrogación sobre su funcionamiento, se verá oscurecida o por lo menos minimizada.

No obstante, el depósito de formas que adopta el imaginario colectivo de una nación, de un continente, de un mundo se plasma bajo diferentes formas estéticas. El proceso de constitución de un país tiene fundamentos míticos, cada localidad se reconoce por un proyecto de cultura, un proyecto de vida que obras artísticas, que textos literarios han contribuido a articular desde diferentes soportes: los mundos posibles para un pueblo se sintetizan en el formato que una época escoge, tal vez, inconscientemente nombrar.

Una arqueología de la mirada americana.

Chile desde la producción visual de Eugenio Dittborn

El trabajo visual de Eugenio Dittborn emerge con fuerza a fines de la década de los 70 y desde entonces no ha cesado de desplegar nuevas posibilidades para su proyecto artístico, uno de los más importantes de nuestro país.

A juicio de Ronald Kay en su libro *Del Espacio de acá* (señales para una mirada americana):

«Dittborn no representa el mundo, sino la producción de experiencias con ciertas imágenes que fugaces poblaron la memoria popular y de experiencias que se generan a través de la modificación y deconstrucción de ciertos ritos visuales...»

Cada una de la materias empleadas — tinta de timbre, acrílico, tiza, cartón— fue codificada por el hombre en usos y aplicaciones específicas, en una época fechable. Por consiguiente la materia conlleva la memoria de sus usos y aplicaciones.

Cada técnica porta en su estructuración un modo de relación con el mundo; en esa relación, el hombre, a su vez, se comprendió a sí mismo. Toda técnica es la memoria de dicha comprensión.

Trabajar simultáneamente con diferentes técnicas, exponerlas en su montaje, implica trabajar con comprensiones dispares, significa trabajar acompañado por un grupo de memorias. La reunión de memorias hace pensar y reflexionar a cada una frente a la otra, las induce a intercambiar sus recuerdos. Lo que emiten en conjunto es la vista que cada una ha ganado sobre las otras, es el trabajo que mancomunadamente han hecho...

> *A toda cita que Dittborn hace le ocurre un número de vicisitudes en su traslado. Transportar fotomecánicamente un positivo impreso en papel de diario a un cartón vulgar y silvestre afecta a la foto, pero, sobre todo, a la realidad contenida en ella. El cartón rechaza y entre en conflicto con ciertos efectos que la foto produce en la superficie plegable y lisa de la página; por otra, el cartón hirsuto y fijo entra en afinidad con otros ingredientes de la realidad formulada por la foto»* [2].

El trabajo visual de Eugenio Dittborn se conecta con el repliegue de la noción de modernidad, noción invariablemente romántica y eurocentrista. Cada gesto de la modernidad implicó una toma de poder; cada una de esas tomas reveló una resistencia. Cada resistencia, un campo de choque. Y cada choque dejó muertos. Como la extinción de los onas, por ejemplo.

Detrás de cada gesto modernizador, hay un saldo: un hematoma. Que se hace explícito en el exterminio de los indios, pero que entra a pactar su lugar metafórico con los rostros fotografiados en la imagen cuadriculada. Delincuentes, revistas populares, dibujos de una niña cuya mano aún no está domesticada por la técnica, se reencuentran vinculadas por su participación material en el mismo espacio de las Pinturas Aeropostales. Descentrando el ojo gobernado por técnicas importadas desde Europa para articular un mapa de la memoria de un país y de su itinerario simbólico. Ocupando los sedimentos en una exploración arqueológica en que la imagen es nicho y germen de miradas que se encuentran activadas precisamente porque murieron. Pero que en lo efímero

---

[2]   Kay, Ronald. *Del espacio de acá.* Santiago de Chile. Editores Asociados. 1980.pp. 44-5.

de su existir y en la fugacidad de su aparición convocan la escena de rituales olvidados, de gustos perdidos, de escenas prófugas y asalariadas.

El viaje de las Pinturas Aeropostales es un retorno de lo reprimido del cuerpo violentado que envuelven y repliegan esas pinturas. Que el viaje hacia el otro, generador de todas las fábulas que ficcionalizaron América Latina para el europeo, sea la devolución de la cosmética de esa mirada al ojo voyeurista del conquistador, la excavación del paisaje falsamente naturalizado por modernizaciones provenientes del deseo de poder que estructura todo el imaginario de América Latina, es el proyecto que organiza el sistema visual de esas pinturas. Mostrar la contracara de instituciones fantasmales e insuficientes, devolverle al otro su fetiche, desarticulado, restituir el rostro perdido, ágrafo al territorio que lo arrojara para acá como un excedente, es un modo de mostrar la debilidad, lo arbitrario de la ley. Colocar esas supuestas ilegalidades en el centro generador de una cultura subordinada en un volumen que estalla ante la mirada, desenmascarando cualquier inocencia supuesta.

Lotty Rosenfeld. El cruce de los circuitos comunicativos

El trabajo visual de la artista Lotty Rosenfeld comienza en 1979, con una intervención denominada «Una milla de cruces sobre el pavimento». Consiste en desbloquear la red de signos ciegos que dominan la ciudad. Signos que obedecen a un mismo código, el que ordena y jerarquiza las relaciones de acuerdo a un orden único, predeterminado ya, para Santiago de Chile por los programas psicosociales del sistema logocéntrico.

La elección del circuito de tránsito como sede de la circulación cotidiana de los habitantes de la ciudad no es azarosa. Su intervención con el signo «más", que puede leerse ambiguamente como un más o una cruz, posibilita el cierre de un movimiento previamente codificado y cuyo mensaje consiste básicamente en suspender la circulación, para generar un trayecto diferente pensado como el espacio del Otro. El rostro negado, enigmático de la ciudad.

Las acciones de arte de L. Rosenfeld, desde «Una milla de cruces sobre el pavimento» hasta «Cautivos», son una meditación sobre las estructuras mismas de transmisión de los contenidos sociales. Reflexión que ocupa el lugar justamente pensado para borrar esa(s) estructura(s). Por segundos, cancelar todo movimiento, inutilizar los signos circulantes, para abrir en ellos un nuevo paraje. La cruz —el significante en blanco— permite una vía de desmontaje de las estructuras urbanas. La suspensión del vértigo de velocidad al que ellas nos remiten.

Renovación que, doblando signo tras signo, congela, en esa tachadura, la práctica motorizada y rápida —ligada a la ideología del consumo— de la ciudad. Impedir el avance: el signo deviene entonces un menos.

¿Y qué menos sino el del cuerpo desde siempre perdido por reemplazado por su sustituto — el signo — que, siendo lineal y temporal amputa el espacio, del cual este signo quiere ser «representación» para incluirlo, refractado en la superficie ilusoria y banal de su extensión mensurable?

Signo menos del sujeto «constituido por el habla dentro del circuito comunicativo como un «alguien» que necesita la separación de ese sujeto de su objeto, ese «algo» considerado como una entidad no subjetiva que, en el momento mismo de su constitución, está aislado del sujeto, ausente de su espacio temporal y reemplazado por una idea, en el sentido platónico del término».[3]

Sujeto que es un menos en cuanto existente en una red de signos naturalizados, vinculados por una amplia

---

[3] Kristeva, Julia. *Semiótica*. Madrid. Fundamentos. 1981.

red de asociaciones cuya fuerza la garantiza la memoria —ese depósito ausente del que habla Barthes que, cuanto mejor organizado, más actuante en la entrega del sentido, sea por medio de la imagen visual o por medio de los actos de habla.

El cuerpo que Lotty Rosenfeld abre al cerrar el mecanismo sígnico del tramado urbano es, sin duda, un cuerpo imaginario, que presupone cruzar la ciudad y desde ese cruce posibilitar la lectura del cuerpo de la historia que lo gestionó, lo programó como cruce en el abismo de la voracidad de los tránsitos impuestos.

Cuando la artista superpone su cuerpo como una metáfora sobre la tela blanca que marca el pasaje a la memoria en «Paz para Sebastián Acevedo» (Primer Premio en el Festival Internacional de Video en Tokio, 1985) lo que hace es visibilizar el sacrificio que incluye el proyecto cultural que está en el inicio y en el límite del horizonte nacional, chileno y latinoamericano.

El cuerpo deviene marca, corte, suspensión y duelo. Su reiteración en la tela blanca reformula el espacio urbano y lo hace desde el pensamiento como la única instancia posible desde donde descifrar el país colonizado, las alienaciones múltiples, los itinerarios mutilados.

Gesto que se devuelve sobre todo el proyecto artístico de Lotty Rosenfeld, que se juega deconstruyendo el estereotipo del sentido, para posibilitar la emergencia del inconsciente político sudamericano.

Señas de una identidad: silencios, ceremonias, mezclas

Volviendo a la fotografía como el documento requerido por la historia para suturar la herida entre el cuerpo y su signo, nos encontramos con el proyecto visual de Claudio Bertoni.

Jugando con el artificio de la reproducción de lo «real», con la ilusión fantasmal que todo goce conlleva, Claudio Bertoni construye un punto de encuentro entre la pintura y la fotografía. Desocupar una mirada agobiada hasta la saturación por el comercio de los encuentros, la óptica de Bertoni, en sus Silenciografías y Taografías, desmonta la malla de los signos y ofrece ese vacío como punto de clausura y reapertura del relato del ojo.

Relato para el cual, en otro de sus trabajos (cito la serie de fotos tituladas «Entre la pintura y la fotografía») hace surgir desde y a partir de la mujer un mundo en el que ella emerge como sede ritual de sentidos místico—eróticos. La mujer como germen y centro de un discurso que la cámara revela como la frágil, la voluptuosa y escurridiza vértebra de un cuerpo que aparece y desaparece, y al que el lente recorre, hasta erosionarlo en un encuentro entre el mar y la montaña. Podríamos pensar en el reverso de la Malinche cuando esta misma mirada la diluye como metáfora para congregarla en objetos testimonios: las taografías.

Geografía chilena, geografía americana se conectan en un rito que tiene como uno de sus objetivos instalar desde un paisaje poblado de objetos precarios, restos, residuos que aparecen como las señas de una identidad que se potencia y se descarga: la mera ficción del ojo que las mira aparecer al borde del cero del sentido. Pero su modo es el recuerdo, el punto de encuentro de teogonías ancestrales que convergen en objetos mínimos, que sin embargo perturban en cuanto habitantes febles de escenarios vacíos.

Son los breves puentes de encuentro de las múltiples capas de sentidos que coexisten y perduran como eslabones de la memoria, las huellas de la identidad que no siempre aflora en el inconsciente artístico latinoamericano.

BIBLIOGRAFIA

AUERBACH, ERICH. *Mímesis: la realidad en la literatura* F.C.E., México; 1950.

ARISTÓTELES. *La Poética*, versión directa, introducción y notas de Juan David García Bacca, México; 1946.

BARTHES, ROLAND. *El Grado Cero de la Escritura*. Ed. Siglo XXI, México; 1983.

«LA RETÓRICA DE LA IMAGEN», en Revista Comunicación N° 4, 1963.

«El tercer sentido».

BOOTH, WAYNE. *The Rhetoric of Fiction*. The University of Chicago Press: 1961.

CASTRO, AMÉRICO. *Aspectos del Vivir Hispánico*, Alianza Editorial, Madrid; 1970.

ECO, UMBERTO. *Tratado de Semiótica General*. Lumen, Barcelona; 1977.

La Estructura Ausente. Lumen, Barcelona; 1978.

ENCINA, FRANCISCO. *Historia de Chile*. Ercilla, Santiago; 1983.

EYZAGUIRRE, JAIME. *Historia de las instituciones políticas y sociales de Chile*. Ed. Universitaria, Santiago; 1967. *Historia de Chile*. Zig-Zag, Santiago; 1977.

ERCILLA Y ZÚÑIGA, ALONSO DE. *La Araucana*. Edición de Marcos S. Miríngo e Isaías Lerner, Castalia, Madrid; 1983, 2 vols.

FREUD, SIGMUND. Obras Completas. Biblioteca Nueva, Madrid; 1967.

GOIC, CEDOMIL. *Historia de la literatura hispanoamericana*. Ed. Universitaria de Valparaíso; 1972.

GRIMBERG, CARL, *La Hegemonía Española*. Daimon; Méjico; 1973.

GUZMÁN, JORGE, *Diferencias latinoamericanas*, Centro de Est. Hum. Santiago, 198.

HEIDEGGER, MARTÍN, *El Origen de la Obra de Arte*. Ed. especial del Centro de Estudios Humanísticos.

HAUSER, ARNOLD, *Historia social de la literatura y el arte*.

INVERNIZZI, LUCÍA «La Representación de la Tierra de Chile en cinco textos de los siglos XVI Y XVII».

JARA, ALVARO Y S. PINTO. *Fuentes para la historia del trabajo el Reino de Chile*. Ed. Andrés Bello, Santiago; 1982 2v.

KAYSER, WOLFGANG, *Introducción y Análisis de la Obra Literaria*. Gredos, Madrid; 1970.

KRISTEVA, JULIA, *Semiótica 1 y 2 Fundamentos*, Madrid; 1978.

LACAN, JACQUES, *Ecrit «La instancia de la letra en el inconsciente»*. Ed. du Seuil, 1966.

LENZ, RODOLFO, *Diccionario Etimológico*. Ed. dirigida por el Dr. Mario Ferreccio P., Univ. de Chile, Seminario de la Filosofía «Hispánica».

LÓPEZ-BARRALT, Mercedes «La Crónica de Indias como texto cultural» en Revista Iberoamericana, N.º 120-121; julio-diciembre 1982 pp. 461-531.

LUBBOCK, PEREY, *The crat of fiction*. Londres; 1921.

MIGNOLO, WALTER Cartas, crónicas y relaciones del descubrimiento y conquista», en Historia de la Literatura Hispanoamericana, Epoca Colonial; Ed. Cátedra, Madrid; 1981.

MUIR, EDWIN. *La estructura de la novela*, Londres, 1921.

NUÑEZ, CABEZA DE VACA, A. Naufragios y Comentarios, Nueva España, México, s/f. v. II.

NUÑEZ DE PINEDA Y BASCUÑAN. *Cautiverio feliz y razón de las guerras dilatadas de Chile*, Col. de Historiadores de Chile, Imp. del Ferrocarril, Santiago, 1863.

PAZ, OCTAVIO. *El laberinto de la soledad*. F.C.E., México; 1959.

ROJAS MIX, MIGUEL. *La plaza mayor*. Editores de Idiomas Vivientes, Munich; 1978.

RAMA, ANGEL «Opera de pobres», en Revista Iberoamericana Nº 122, 1983 pp. 11—42.

SARDUY, SEVERO, *El Barroco*. Escrito sobre un cuerpo. Ed. Sudamericana, 1978.

VALDIVIA, PEDRO DE. *Cartas de Relación de la Conquista de Chile*, 2ª ed. crítica de Mario Ferreccio, Edit. Universitaria, Santiago; 1978.

VIVAR, GERÓNIMO DE, *Crónicas y Relación Copiosa y Verdadera de los Reinos de Chile*. Ed. de Leopoldo Sáez-Godoy, Colloqui Verlag, Berlín; 1979.

WHITE, HAYDEN. *The Value of narrativity in the representation of reality»*. Critical inquiry. 7 Luctum; 1980.

MUJERES, CULTURAS, DESARROLLO
PERSPECTIVAS DESDE AMÉRICA LATINA*

Adriana Valdés

Introducción

Hace algunos meses, la Unidad de la Mujer de la División de Desarrollo Social de la CEPAL realizó una reunión de expertos sobre los aspectos culturales de la participación de las mujeres en el desarrollo de América Latina y el Caribe. Participaron en ella especialistas de varios países de la región (Argentina, Bolivia, Colombia, Cuba y Chile). El presente documento procura recoger parte de los debates y las ponencias presentadas en esa reunión, e intenta abarcar varios de los temas que en ella surgieron como más importantes en relación con culturas latinoamericanas, mujeres y desarrollo.

El tema se ha dividido en varios puntos. En el primero se procura ubicar el debate cultural sobre identidades latinoamericanas en el contexto de los actuales cambios de la situación mundial, tanto en el plano político como en el plano del pensamiento, y dar cuenta de los sobresaltos sufridos en estas circunstancias por el imaginario latinoamericano. En el segundo, se hace una interrogación sobre la vigencia de la pregunta sobre las culturas, en cuanto es un criterio de realidad para las propuestas de desarrollo en la región, y se señala que el tema de la mujer circunscribe la consideración de lo cultural, remitiéndolo especialmente al campo de la cultu-

---

* Este trabajo fue escrito en 1990.

ra cotidiana. En el tercer punto se hace referencia a cuáles han sido los lugares tradicionalmente ocupados por las mujeres en la cultura latinoamericana, destacando especialmente el tema de la maternidad y de las peculiaridades que en la región la han caracterizado. En el cuarto, se trata el tema de las mujeres latinoamericanas de hoy como «sujetos entre culturas», en contacto, a la vez, con los cambios propios de la época y con sustratos culturales ricos y complejos, que en alguna medida determinarán la calidad de sus respuestas a los desafíos de las transformaciones globales, y se hace una enumeración ilustrativa de los nuevos lugares culturales que han pasado a ocupar. Por último, y a modo de conclusión, se esbozan algunas líneas sobre la interacción entre culturas y el aporte que las mujeres han hecho y pueden hacer a una participación más ventajosa de la región en el cambiante mundo actual.

1. Un trasfondo: los sobresaltos del imaginario latinoamericano

Este trabajo se redacta en un momento en que se ha hecho evidente un cambio en la manera en que se piensa e imagina el tema de las identidades culturales en América Latina. El cambio no parece provenir de una lógica implícita en el pensamiento anterior, sino más bien parece ser el efecto de acontecimientos externos —vuelcos ideológicos y políticos en el mundo, crisis económica en la región— que han sobrepasado muchos marcos hasta hace poco vigentes, y con ellos ciertas líneas establecidas en la reflexión sobre el tema. Podría hablarse incluso de una crisis del imaginario latinoamericano, si por éste se entiende —como sucedió en los años sesenta y gran parte de los setenta— «una vocación por la construcción histórica de nuestra utopía»[1], cuyos portavoces privilegiados fueron los creadores y los intelectuales. No

---

[1] Ana Pizarro (s/f), Cultura y prospectiva: el imaginario de futuro en la cultura latinoamericana, Santiago, UNITAR/PROFAL.

parece ser ya la hora de los discursos triunfalistas, y se percibe un movimiento de repliegue hacia posiciones menos esquemáticas y hacia una búsqueda de claves diferentes a las ofrecidas por los grandes esquemas interpretativos predominantes hasta hace poco en la esfera pública.[2]

Los intelectuales latinoamericanos asumieron en el pasado, con gran entusiasmo, el tema de la identidad nacional y regional, y en algunos casos, incluso su representación. Muchos creadores de la región han tenido efectivamente el papel de voces políticas privilegiadas. El grado de confluencia que se alcanzó en el plano cultural ha sido descrito como «una proeza de integración continental que no se ha dado en otros planos».[3] A lo largo del siglo, la cultura latinoamericana se vio muchas veces a sí misma como un adelantado de una conciencia regional precursora, anunciadora e incluso productora de cambios históricos. Se ha señalado desde el exterior, por ejemplo, la vocación ensayística de las grandes novelas latinoamericanas (Leenhardt), y más de un autor ha dicho que «la identidad cultural de América Latina ha sido definida en gran medida por sus novelas».[4]

En ese plano, no habría por cierto que olvidar la poesía, y notablemente los esfuerzos de representación de América —y de creación de una conciencia latinoamericana— emprendidos por Neruda, Cardenal y otros; tampoco las artes visuales, del muralismo mexicano en adelante.

---

[2] Un testimonio espectacular se encuentra en Leopoldo Zea (comp.), 1986, América Latina en sus ideas. UNESCO, París. Cabe decir que los textos incluidos en el volumen parecen haber sido elaborados varios años antes de su publicación.

[3] Ana Pizarro, op. cit.

[4] Fernando Aínsa, «La universalidad de la identidad cultural latinoamericana», en Cultures (número especial), París, UNESCO, 1986, p.52.

La relación entre la cultura intelectual y la conciencia privilegiada de las identidades nacionales y regionales no se limitó, en América Latina, al mundo hispanohablante. En distintos momentos del siglo también los intelectuales brasileños «estuvieron, en el momento mismo, convencidos de que las ideas regían directamente el devenir histórico». Respecto del arte, en palabras del cineasta Arnold Jabor, hubo «una creencia inédita, increíble, infantil, generosa, genialmente ridícula, en los poderes de transformación del arte. Jamás, en ninguna otra parte del mundo, hubo tanta fe en el arte como fuerza política... tal vez (sea esta) la única marca registrada de la creación latinoamericana...».[5]

El mundo de la cultura tiene, como es sabido, oscilaciones pendulares. Se vive actualmente un momento caracterizado sobre todo por la perplejidad y el desconcierto. El giro antiutópico de la reflexión se expresa diciendo, por ejemplo, que «cada vez que el hombre intenta construir el cielo en la tierra, lo que resulta es el infierno».[6] Desde esa perspectiva, vuelven ahora a valorarse —y a crearse— obras menos programáticas; se recuperan dimensiones más particulares, más íntimas, a veces más irónicas. Los ojos se desplazan hace tiempo desde la obra de Diego Rivera hacia la de Frida Kahlo, por decirlo en forma gráfica. No resulta particularmente arriesgado vincular el agotamiento temporal de los impulsos épicos totalizantes (en literatura, en las artes visuales) con el ocaso de la postulación de utopías latinoamericanistas, producido por «la pérdida del valor de algunas ideologías tradicionales como cuerpo compacto», que José Medina Echavarría había previsto como posibilidad.[7]

[5] Ambas citas están en Georges Pécaut (1989), *Entre le peuple et la nation. Les intellectuels et la politique au Brésil*, París, Editions de la Maison des Sciences de l'Homme, pp. x y 136.

[6] Karl Popper, citado por Pedro Morandé, «Modernidad y Cultura en Latinoamérica», Nexo, Buenos Aires, primer trimestre, marzo de 1989.

[7] Citado por Ernesto Ottone, 1990, «El nuevo escenario internacional. Reflexiones en torno a un ensayo de don José Medina Echevarría»,

A ello hay que agregar un malestar, un sobresalto respecto de la capacidad de los artistas y los intelectuales para asumir válidamente, sin cuestionarse, la representación global del pueblos y naciones. Se vive un momento de reconocimiento de las diversidades de perspectivas y de intereses entre grupos aún no incorporados en los esquemas de análisis; aparecen, en el discurso «culto», antagonismos (como los de etnia, de edad y de género) de los que las distinciones de clase no pueden dar cuenta. El uso generalizado de expresiones como «sociedad civil» o (a nivel electoral, en Chile) «la gente» —donde antes se hubiera dicho sin más «el pueblo»— es un indicio de ese malestar. Tal vez podría extenderse a otros países latinoamericanos una observación hecha sobre Brasil: «actualmente, la democracia no favorece para nada los vastos mitos unificadores (...) los acuerdos y acomodos que ella implica impiden a cualquier categoría social la pretensión de monopolizar la representación de la nación».[8]

El imaginario latinoamericano, en tanto construcción global y totalizadora, ha conocido, entonces, algunos sobresaltos. Son tal vez éstos los que mejor caracterizan su situación actual. Si se recuerda que la región no está constituida sólo por los territorios, los pueblos y los gobiernos, sino también por una actividad constante de símbolos capaces de generar lealtades y vínculos,[9] puede apre-

---

Santiago, mimeo. El texto habla, entre otros temas, de la «pérdida de la centralidad del bipolarismo y de una complejización de las esferas de poder en el mundo», de la autarquía que aparece «contrapuesta a la fuerza de las cosas, no sólo por su irrealidad en el campo científico —tecnológico, económico y de las comunicaciones (...) la expansión de una ética planetaria de valores compartidos (...) la generación de una nueva estructura de relaciones internacionales, con nuevas posibilidades de autonomías, separaciones, uniones y agregaciones...(...), y también de «nuevas y lacerantes contradicciones capaces de generar nuevas tragedias».

[8] Pecaut, op. cit., p. 290.

[9] Jean Franco, *Plotting Women. Gender and Representation in México*, Nueva York, Columbia University Press, 1989, p. 79.

ciarse que es esta actividad la que está cambiando sus formas: este hecho no es nada sorprendente, si se considera la magnitud y la rapidez de los vuelcos que se experimentan a escala mundial, y que obligan a replantear muchos temas del debate sobre América Latina.

De hecho, como sucede con la economía, la cultura experimenta un movimiento hacia la desterritorialización, por una parte, y hacia el descentramiento, por otra. En estos días, la cultura no reconoce un eje unificador, sea de clase, etnia, género, historia o ideología: las pretensiones en este sentido «se sienten como reduccionistas, peligrosamente totalitarias o puramente retóricas. «Hablar de cultura, hoy, es referirse a algo más complejo y variado, que presenta las heterogeneidades de la sociedad: está en la plaza pública y también en el mercado, en las tradiciones rurales y también en las modas urbanas, en el aparato educacional, en los medios de comunicación sin fronteras. En estas circunstancias, se ha dicho: «las identidades nacionales se construyen en el descentramiento de la cultura y en su desterritorialización, en medio de procesos cada vez más intensos de incorporación a mercados internacionales.» [10] Si las identidades de los grupos se basaban en compartir un territorio y en compartir objetos, monumentos, rituales —tener una región, un país, una ciudad, un barrio— es pertinente preguntarse qué queda de ellas en una época de descentralización y expansión planetaria de las grandes empresas, de transnacionalización de las comunicaciones y de migraciones multidireccionales.[11] Tal vez lo más interesante de los sobresaltos del imaginario latinoamericano se encuentre hoy en las experiencias que se dan en los campos más diversos —desde las artes visuales hasta la economía— en

---

[10] Las dos últimas citas provienen de «Seis preguntas a José Joaquín Brunner», Revista de Crítica Cultural, Santiago, año 1, número 1, mayo de 1990.

[11] Néstor García Canclini (1990), «Escenas sin territorio. Estética de las migraciones e identidades en transición, Revista de Crítica Cultural, Santiago, año 1, número 1, mayo de 1990.

el terreno de las fronteras, de los bordes, del tránsito: en ese terreno en que se produce la conjunción de «lo local específico» con lo planetario,[12] y que parece ser el gran escenario de las transformaciones de nuestros días.

En este sentido, la experiencia caribeña merece un párrafo aparte. Región de múltiples lenguas y culturas, sus habitantes, «mas allá de las distinciones de clase (...) con la excepción de los de Haití y de Suriname, funcionan a la vez en las culturas e idiomas dominantes, y en las culturas y lenguas dominadas».[13] La gran pluralidad de sustratos étnicos-culturales, y la inmediatez de la presencia de las potencias hacen que su experiencia tenga rasgos muy específicos, que la sitúan en un punto de «exacerbación» de la problemática de las yuxtaposiciones y de la transculturación. (A este respecto, no pueden dejar de recordarse las novelas de V.S. Naipaul, por ejemplo.) Esta característica hace que una figura como la de Aimé Césaire haya sido vista como representante de una experiencia no sólo caribeña, sino pionera a escala mundial: la de la posibilidad de una «cultura orgánica, reconcebida como un proceso inventivo de 'intercultura' criolla», que desde una historia de sincretismo y creatividad, es capaz de derivar una identidad cultural inventiva y móvil, no necesariamente enraizada en lugares ancestrales, que se nutre de polinizaciones y de transplantes culturales.[14]

Con este trasfondo, entonces, el tema de la dimensión cultural de lo latinoamericano se sitúa de lleno en

---

[12] Guy Brett, Transcontinental. 9 Latin American Artists, Verso, Londres, 1990.

[13] Jean Casimir, «Culture, discourse and social development», CEPAL Review, N° 25, abril de 1985, pp. 149—162. Cita en p. 150.

[14] Jame Clifford, The Predicament of Culture. Twentieth Century Ethnography, Literature and Art, Cambridge,Mass.,Harvard University Press, 1988, p. 15.

la descripción de lo contemporáneo y en una dimensión de futuro que no es la del deseo. No se trata de pensar un nuevo proyecto del cielo en la tierra, una nueva utopía: las circunstancias parecen imponer una conciencia de que el futuro presenta ciertas características que no dependen principalmente de voluntades ni de proyectos nacionales o regionales, sino sobre todo de vuelcos y equilibrios que atañen a la dimensión mundial y repercuten en todos los países y regiones. Tal vez en el contexto de los países llamados tantas veces del Tercer Mundo, lo específicamente latinoamericano sea hoy un rasgo cultural: una experiencia de quinientos años en la incursión constante de lo extranjero y de lo nuevo, lo que ha producido una historia llena de claves respecto de temas que, como el mestizaje, la hibridez, el sincretismo, la transculturación, trascienden hoy la problemática latinoamericana para adquirir nueva vigencia cultural en un mundo que crecientemente se internacionaliza.

2. La pregunta cultural y el desarrollo

Las oscilaciones pendulares en el campo de la cultura no pueden hacer olvidar que el tiempo —el ritmo— de los cambios culturales, los plazos en que se producen, presentan diferencias enormes respecto de los plazos que se manejan en la economía. Si en esta última hablar del «largo plazo» significa pensar en diez años, las transformaciones culturales se producen en la historia «particularmente lenta de las civilizaciones, en sus profundidades abismales», en palabras de Braudel.[15] Tal vez por eso, las dimensiones culturales de las sociedades resultan en último término algo que muchas veces se remite a la noción de «misterio»: no existe una racionalidad que por sí sola haya podido abarcarlas en un momento determinado del tiempo.

---

[15] Ferdinand Braudel, *Ecrit sur l'histoire*, París, Flammarion, 1969. Citado por Ana Pizarro, en la literatura latinoamericana como proceso, Buenos Aires, 1985, Centro Editor de América Latina.

Este puede ser uno de los motivos que hace tan difícil integrar esas dimensiones en las propuestas de desarrollo. Los cambios económicos o tecnológicos no han generado históricamente, hasta ahora, cambios paralelos y simultáneos en los modelos culturales. Sería tal vez excesivamente fácil decir tan sólo que los modelos culturales están desfasados respecto de los cambios que la sociedad de hecho registra, por los diversos efectos de la modernización. Es evidente que el problema es más complejo, sobre todo en América Latina. Los cambios en la esfera económica o educacional por cierto no se dan en un vacío, y su sentido dependerá de la relación que finalmente establezcan con múltiples sustratos preexistentes: la difícil tarea del análisis cultural es ir conociendo esos países y lugares, ir caracterizando los cambios que trae el poder, ir dando ideas sobre la interacción que entre ellos se ha establecido y podría establecerse, desde una perspectiva de desarrollo para nuestras sociedades. Junto con el criterio de realidad significa la concertación de intereses, el desarrollo tiene que encontrarse con (el) criterio de realidad que surge de la pregunta cultural».[16]

En cuanto criterio de realidad, la pregunta cultural es una dimensión ineludible de las propuestas de desa-

---

[16] Pedro Morandé, «Problemas y perspectivas de la identidad cultural de América Latina», El Mercurio, Santiago de Chile, 4 de octubre de 1990. «Si no lo hace» —dice el autor— «la modernización no logrará ubicarse al interior de la historia social y política de nuestros pueblos. «Tal vez otro ángulo de la misma preocupa fue insinuado por Octavio Paz, en una entrevista televisiva reciente, cuando manifestó que no le satisfacía la expresión «Tercer Mundo», a su juicio demasiado vinculada al juego de intereses a escala mundial, y ajena a las enormes diferencias culturales que la denominación encubría.

En este sentido, la UNESCO, al fundamentar el Decenio mundial del desarrollo cultural, afirma que «ningún proyecto de desarrollo verdadero puede pasar por alto las características esenciales del medio natural y cultural, las necesidades, aspiraciones y valores capaces de movilizar a las poblaciones de que se trata». *Guide pratique de la Décennie mondiale du développement culturel 1988 — 1997*, París, 2ª edición, 1988.

rrollo y transformación. Un enfoque sistémico de la competitividad, por ejemplo, que postule empresas ubicadas en una red de vinculaciones con el sistema educativo, la infraestructura tecnológica, energética y transportes, y todos los otros aspectos que configuran el sistema socioeconómico[17], implica necesariamente la pregunta por los sustratos culturales, estos inciden significativamente en la educación, en las relaciones laborales y las instituciones; más allá de la uniformidad de los términos empleados en las declaraciones explícitas de principios, contribuyen a determinar el contenido concreto que en una sociedad determinada adquirirán expresiones como «pluralismo», «democracia», «igualdad»; a configurar el modo cómo los propios afectados por la pobreza perciben su situación; a fijar las pautas de calidad de vida, y otros aspectos que atañen al desarrollo y lo ubican en el marco de la historia social y política de la región.

¿En qué planos se puede, desde esta perspectiva de desarrollo, buscar respuestas a la pregunta cultural? Hasta ahora, se ha solido recurrir a la literatura, y a los escritos en general: a lo largo de las épocas, estos han ido recogiendo la conciencia que los intelectuales han tenido de la identidad cultural latinoamericana, y los diversos proyectos e imágenes continentales que se han propuesto a partir del ensayo, la novela o la poesía. [18] Ha sido común considerar que el «espejo de la identidad latinoamericana»[19] a lo largo del tiempo se encuentra en esa dimensión de la cultura, y por cierto que la «cultura

---

[17] CEPAL, *Transformación productiva con equidad* (LC/G. 1601 (SES. 23/4), Santiago de Chile, marzo de 1990.

[18] Felipe Herrera, «El escenario latinoamericano y el desafío cultural», Cuadernos del Centro Latinoamericano de Economía Humana, N° 21, Montevideo, enero—marzo de 1982.

[19] Birgitta Leander, «Cultural identity in Latin America», Cultures, special number, UNESCO, París, 1986.

escrita», homogeneizada y construida por la historia y por la crítica, es un aspecto del mayor interés para la investigación de lo latinoamericano.

El enfoque de este trabajo —en que el tema de la cultura se cruza con el de la mujer y con el desarrollo— sugiere, sin embargo, también otras dimensiones. Como se dijo en el punto anterior, el imaginario latinoamericanista y utópico ha conocido ciertos sobresaltos, y cunde en diversos campos el reconocimiento de que «la cultura del texto», y del texto reconocido y predominante, no contiene todas las claves de lo latinoamericano.

Se ha renovado, por una parte, el interés en las culturas orales, vehículo privilegiado de identidad hasta hace poco para grandes proporciones de las poblaciones de la región.[20] Esto significa valorizar formas culturales populares, amerindias o afroamericanas cuyo acceso al texto escrito ha sido —cuando existió— a lo menos problemático. Se ha reconocido que la pluralidad de culturas, a veces dentro de una misma nación, «ha constituido la forma existencia de nuestra cultura desde el siglo XV por lo menos».[21] Incluso respecto de la cultura del texto escrito, se han enfatizado sus complejidades: «en una sociedad están funcionando al mismo tiempo , elementos que son pertenecientes al sistema popular, al sistema culto, elementos que vienen de sistemas anteriores, elementos que anuncian los posteriores elementos

---

[20] Véase el trabajo de Pedro Morandé, «Problemas y perspectivas...» ya citado, donde se afirma que «recuperar la oralidad armonizándola con la cultura del libro parece ser uno de los grandes temas pendientes desde el punto de vista de la identidad cultural de los pueblos latino-americanos. Se trata de valorizar el estilo y el carácter particular de las tradiciones orales populares, abriéndole los ojos a la población respecto de la existencia de las culturas regionales»; Ana Pizarro, «Introducción», en Ana Pizarro y otros, La Literatura latinoamericana como proceso, Buenos Aires, Grupo Editor de América Latina, 1985; asimismo, en el número citado de Cultures, los artículos de Ariel Dorfman y Paula Petrich.

[21] Beatriz Sarlo, citada por Ana Pizarro, «Introducción», op. cit.

residuales».[22] En un concepto de la cultura que se hace cada vez más pluralista, y en el que la diversidad se transforma en un valor, se multiplican las operaciones de rescate de las diferentes formas de cultura que han estado presentes en la «red de negociaciones que tienen efecto en una sociedad viviente», aunque su lugar en esa red no haya sido el de predominio. Puede concebirse y valorarse entonces la existencia de «prácticas culturales sincrónicas, dialógicas, relacionales e interactivas», que incluyen «sujetos cuyas identificaciones étnicas o de género» no son las mismas que han predominado en la producción escrita.[23]

Es desde esta perspectiva de la cultura que se rescata el tema de la producción cultural de las mujeres, y es desde esta perspectiva también que puede vincularse esta producción con el desarrollo de una sociedad. Al hacerlo, la expresión «producción cultural» se acota de manera distinta. Pierde el énfasis que la vincula en primer término a la «ciudad letrada»[24] y a la «tradición del texto»[25], y se abre a otras dimensiones del imaginario latinoamericano donde las mujeres han tenido mayor y más decisiva presencia.

Las secciones que siguen abordan el tema de la presencia de las mujeres, primero en los lugares tradicionales que han tenido en las culturas latinoamericanas, y luego en los lugares actuales, dentro del proceso de transformaciones. Se concibe, entonces, a las mujeres latinoamericanas de hoy como sujetos «entre culturas», en contacto a la vez con los cambios sociales y tecnológicos

---

[22] Beatriz Sarlo, citada por Ana Pizarro, «Introducción», op. cit.

[23] Las citas anteriores son de Rolena Adorno, «Nuevas perspectivas en los estudios literarios coloniales hispanoamericanos», Revista de Crítica Literaria Latinoamericana, Año XIV, N° 28, Lima, segundo semestre de 1988.

[24] Angel Rama, La ciudad letrada, Montevideo, Fundación Internacional Angel Rama, 1984.

[25] Pedro Morandé, op. cit.

vertiginosos propios de nuestros tiempos y con sustratos culturales ricos y complejos, que en alguna medida determinarán la calidad de sus respuestas a los desafíos de las transformaciones globales.

3. Mujeres y culturas: los lugares tradicionales

a) El corral ajeno: «el ejercicio de la letra»

Remitida al ámbito tradicional de la cultura, al «ejercicio de la letra», por parte del «elenco intelectual dirigente» (según expresiones de Angel Rama), [26] la presencia de las mujeres se ha dado en situación documentadamente incómoda. Ya sea como artificio retórico, como maniobra de defensa o como cualquier otra «treta del débil»[27], las mujeres más destacadas de las letras latinoamericanas han debido «ponerse en su lugar» —que es el de un inferior— al tomar la palabra escrita. Dos ejemplos bastan por su enormidad: Sor Juana Inés de la Cruz y Gabriela Mistral. Una desde México y desde la Colonia, otra desde Chile y desde nuestro siglo, estas dos mujeres ampliamente calificadas se descalifican explícitamente a sí mismas en cuanto al ejercicio de la letra. Sor Juana, previniéndose del Santo Oficio, dice que es ignorante, junto con una frase famosa: «¿Qué sabemos las mujeres sino filosofías de cocina?». [28] Por su parte, Gabriela Mistral dice, en relación con su poesía acerca de Améri-

---

[26] Angel Rama, op. cit.

[27] Véase Josefina Ludmer, «Las tretas del débil», en Patricia González y Eliana Ortega (eds.), *La sartén por el mango*, Río de Piedras, Puerto Rico, Ediciones Huracán, 1984.

[28] Sor Juana Inés de la Cruz, «Respuestas de la poetisa a la muy ... sor Filotea de la Cruz», en Obras Escogidas, décima edición, Espasa—Calpe, México, 1959. La carta data de 1691 y la cita está en p. 112. Véase también p. 160: «... Nunca he juzgado de mí que tenga el caudal de letra e ingenio que pide la obligación de quien escribe (...) ¿Qué entendimiento tengo yo? ¿Qué estudio? ¿Qué materiales? (...) Dejen eso para quien lo entienda, que yo no quiero ruido con el Santo Oficio, que soy ignorante, y tiemblo de decir alguna proposición malsonante, o torcer la genuina inteligencia de algún lugar...»

ca, que ella «Balbucea el tema para vocear su presencia a los mozos, es decir, a lo que vienen mejor dotados que nosotros» y que, «al igual que otras veces, afrontó el ridículo con la sonrisa de la mujer rural cuando se le malogra el frutillar o el arrope en el fuego...»[29] Estos dichos, viniendo de figuras cuya competencia en el campo literario no necesita defenderse, ahorran muchos comentarios. El tema de estar «fuera de lugar» se da curiosamente en ambas, y las dos se remiten a espacios considerados terrenos propios de las mujeres: la cocina, la huerta doméstica.

No cabe entrar aquí en los numerosos estudios críticos contemporáneos que analizan la situación de la mujer en relación con «el ejercicio de la letra».[30] Sólo interesa, en la línea de reflexión de este documento, marcar la distancia entre las mujeres y los discursos públicos vigentes en cualquier época en América Latina. El acceso al habla de las mujeres «nació del cuchicheo y del susurro, para desandar el microfónico mundo de las verdades altisonantes (...), callada y lateral fue siempre su relación con la marcialidad de los discursos establecidos ...[31] Por ejemplo, una lectura de la cultura mexicana desde el ángulo de las mujeres, publicada el año pasado, habla de luchar por el poder interpretativo, muchas veces al margen de los géneros canónicos, en cartas o historias de vida; habla de mujeres que establecieron relaciones «calladas y laterales» con el discurso del nacionalismo más tarde, con el discurso de la modernización luego. Las monjas coloniales la establecieron en la literatura y en la autobiografía. Antonieta Rivas Mercado, «inexplicable», deja años de cartas y se atra-

---

[29] Gabriela Mistral.

[30] Véase Adriana Valdés, «Escritura de mujeres, una pregunta desde Chile», Revista *Fem*, México, D.F., vol. VIII, N° 30, octubre-noviembre de 1983, pp. 49-53. Reproducido en Santiago, *Signos*, Revista de Educación y Cultura, mayo- junio de 1984.

[31] Tamara Kamenszain, «Bordado y costura del texto», en *El texto silencioso. Tradición y vanguardia en la poesía sudamericana*, México, UNAM, 1983.

viesa con una bala suicida, que perfora a su vez su propio cuerpo y el discurso «mesiánico» de Vasconcelos. Frida Kahlo, al pintar, «usa su cuerpo mutilado identificando a la mujer con la naturaleza».[32] Así, y hasta los ejemplos más próximos a nuestros días, se va configurando la noción de un descalce, de una discordancia sorda, entre las experiencias de las mujeres y las expresiones de la cultura intelectual predominante.

Esta noción de descalce coloca las expresiones de las mujeres latinoamericanas en el marco del interés por las claves culturales populares, amerindias o afroamericanas, cuyo acceso al texto escrito ha sido problemático, y por lo tanto las ubica también como reservas de diferencias potencialmente creativas en lo cultural. Con ello se transforman en elementos de la definición de una identidad latinoamericana cada vez más plural, más cercana a la multiplicidad susurrante de lo real y más alejada del «microfónico mundo de las verdades altisonantes», donde por cierto no se agota la tarea de preguntarse por el imaginario latinoamericano.

b) El terreno propio

La tarea de preguntarse por la cultura latinoamericana tiene otras dimensiones si ésta se entiende, desde una perspectiva distinta, «en el marco de una realidad amplia, que abarca las relaciones familiares y sexuales, la comida, la ropa, el baile, el premio y el castigo, los monumentos y los juegos florales, la psiquis y la vida política, el amor, las leyes y los deseos tal como se afirman, se niegan, se expresan o finalmente entran en juego en el proceso de comunicación», como quiso expresarlo vivazmente Carlos Fuentes, ateniéndose a una segunda acepción, más antropológica, de la palabra cultura.[33]

---

[32] Jean Franco, op. cit., p. 79.

[33] Carlos Fuentes,«A Latin American Perspective», *Culture plus,* UNESCO, reproducido de *Culture for all peoples for all times,* 1984.

Desde esta segunda perspectiva, al decir «cultura» se alude a una forma de vida (un modo de ser) y a un saber: saber qué hacer, cómo hacerlo, qué es bueno y malo, tanto en el ambiente natural como en los demás seres humanos. Se refiere a un modo de ser y a un saber que se aprenden, se transmiten y cambian en el tiempo, y se manifiestan en productos, instrumentos o inventos, según dicen las definiciones pedagógicas elaboradas por los organismos internacionales competentes.[34]

Es en este marco de definición de la cultura donde las mujeres han tenido tradicionalmente un terreno propio. Cuál sea este terreno es también un asunto cultural: no siempre es «lo privado», en oposición conceptual a «lo público». Leemos que en algunas culturas indígenas latinoamericanas, el mercado era terreno propio de las mujeres, y los hombres, salvo que fueran extranjeros, tenían prohibido el acceso a él. Hay actividades de producción y de intercambio que no pueden considerarse sólo de ámbito doméstico, aunque no estén adecuadamente registradas por los indicadores. La experiencia común indica ciertamente que los hombres estaban también excluidos tradicionalmente de ciertos espacios y actividades de orden doméstico, generalmente la cocina, y que la socialización de los niños era hasta cierta edad asunto de las mujeres, así como el cuidado de los enfermos y las formas autóctonas de la medicina, en muchos pueblos. En general, el espacio de la casa (por oposición al de la calle) ha sido considerado por la tradición como dominio femenino: y este se ha extendido hacia la calle cada vez que las necesidades de supervivencia de las familias así lo han exigido.

En América Latina, el ámbito femenino tradicional distaba mucho de ser un espacio de debilidad o de carencia. Las culturas indígenas eran y son un sustrato cultural próximo de la socialización en un número muy importante de países: no sólo entre la población indígena,

34. UNESCO/OREALC, Cultura 1. Materiales de apoyo a la información docente en educación bilingue intercultural, Santiago de Chile, 1989, pp. 9-17.

sino por cierto entre la mestiza. (También entre la población que no se reconocía como mestiza, pero que confiaba el cuidado y la socialización temprana de sus hijos a mujeres de culturas mestiza o indígena.) En ese sustrato, lo femenino no se concebía sólo como lo privado de masculinidad, «lo otro» definido desde el punto de vista del hombre. Por el contrario: en la cultura andina, por ejemplo, en que predominan las relaciones de simetría, la complementariedad es parte de la visión del mundo: los hombres están encargados del rito, es cierto, pero este funciona básicamente «para igualar el poder entre los dos sexos»[35], ya que la mujer se concibe como dotada del poder fundamental de la reproducción de la vida.

Conviene recordar que la proximidad del varón a la mujer no se da sólo en la relación sexual de la pareja, sino muy especialmente en dos relaciones de aterradora dependencia, que ponen en juego la supervivencia del sujeto: la del niño con la madre (trance de la vida), la del enfermo con quien lo cuida (trance de la muerte). En las situaciones límite —el nacimiento y la infancia, la cópula sexual, la declinación y la muerte— el varón no puede sino experimentar en carne propia el poder de la mujer. La contradicción entre la vida y la muerte es el límite de la vida social, tema central que cada cultura intenta enfrentar y comprender.[36] En el plano simbólico, esa contradicción se vincula en forma entrañable a la relación hombre/mujer, y de ello, por cierto, dan testimonio las más diversas culturas. Al hacerlo, definen parte fundamental de su identidad.

¿Cuál podría ser la especificidad cultural de la relación hombre/mujer en América Latina? La enormidad

---

[35] Frase de Gloria Ardaya, en el seminario de la CEPAL sobre «Mujeres en la década de los noventa: aspectos culturales de su participación», Santiago de Chile, 22 al 24 de noviembre de 1989.

[36] Pedro Morandé, Cultura y modernización en América Latina, Santiago, Cuadernos del Instituto de Sociología, Pontificia Universidad Católica de Chile, 1984, especialmente «La representación de la muerte: la definición social del límite».

de la pregunta la hace imposible de responder. Lo primero que hay que recordar es, por cierto, la gran diversidad de las situaciones que se dan en el seno de la región. Hablar de «la mujer latinoamericana» es de por sí una osadía. Hay preguntas retóricas pertinentes: «¿Podemos hablar de la mujer latinoamericana identificando a una mujer de herencia cultural aymará con otra de cultura polaco—argentina?»[37] Aparte de la diversidad de sustratos culturales y étnicos, los cambios históricos, así como los factores de clase y de edad (por nombrar sólo los más evidentes) imponen muchas cautelas y advertencias.

Sin embargo, pueden recordarse algunos indicios que dan mucho que pensar. El lugar tradicional de la mujer, como muchos otros aspectos de la cultura latinoamericana, está marcado por el hecho original de la conquista y del mestizaje. El imaginario latinoamericano acerca de la mujer recoge estos hechos, de lo que da impactante testimonio, por ejemplo, un ensayo tan fundamental para la cultura latinoamericana como es *El laberinto de la soledad*, de Octavio Paz. La relación conquista—mestizaje tiene su eje en la figura materna, en la que se han concentrado las contradicciones y ambivalencias del latinoamericano en cuanto a su condición de tal («condenamos nuestro origen y renegamos de nuestro hibridismo»). La oposición analizada por Paz (lo cerrado —varonil, valorizado, por oposición a lo abierto— femenino, desvalorizado) ubica el problema de «los hijos de la Malinche», que es una madre violentada, pero también una madre cómplice del conquistador y de la violencia que se le hace.[38] Traza además el retrato trágico del macho latinoamericano, fallida identificación imaginaria con el conquistador español,[39] «indiferente a la prole que engendra».

---

[37] Ana Pizarro, en el seminario de la CEPAL ya citado.

[38] Jean Franco, op. cit., titula uno de los capítulos de su libro como sigue: «De la imposibilidad de Antígona, y de la inevitabilidad de la Malinche».

[39] Octavio Paz, *El laberinto de la soledad*, México, Fondo de Cultura Económica, quinta edición, 1967, p. 74.

En este marco, la figura central es la de la mujer madre, por su inagotable capacidad de ambivalencia. En el esquema simbólico que así se dibuja, el hijo le debe la vida y la subsistencia, pero le debe también algo que experimenta como vergüenza de los orígenes, la necesidad de ocultación del mestizaje. Los estudios recientes señalan la importancia del culto mariano como forma de conciliación imaginaria de este conflicto: una virgen madre, una madre protectora y nutricia, pero exenta de la vergüenza original. En esta figura, mediante una operación de sincretismo muy propia de la cultura regional, confluyen la Virgen del catolicismo (mediadora entre los hombres y Dios) y las divinidades femeninas de las culturas indígenas, no mediadoras sino diosas por derecho propio. «Guadalupe en México, Copacabana en Bolivia, la Tirana y la Virgen de Andacollo en Chile, entre otras, trazan el camino de un culto que se extendió por toda América. La virgen—madre mestiza se erigió como núcleo de una identidad de origen de los huérfanos, de los huachos, de los mestizos que encontraban en ella la posibilidad de una congregación ritual.»[40]

Desde la perspectiva de la preservación de un modo de vida y de un saber, las mujeres madres tienen en todos los estratos sociales y en las diferentes etnias un papel preponderante. Este papel «puertas adentro» incluye una fortísima determinación socializadora: qué se debe hacer y cómo hacerlo; qué está bien y qué está mal, un saber transmitido mucho más allá y más acá de los discursos pedagógicos. Este saber transmitido por vía materna es de especial importancia entre los grupos sociales que no son dominantes, por cuanto es un saber que no coincide con los saberes transmitidos por el aparato educacional ni por los medios de comunicación. En las mujeres radica fundamentalmente la custodia y la transmisión de la cultura oral, que es el fundamento de la identidad de los grupos étnicos. En el caso de estos últimos, la transmisión de la lengua devuelve toda su fuer-

---

[40] Sonia Montecino, ponencia en el seminario de la CEPAL antes citado.

za a la expresión «lengua materna». Entre los indígenas andinos, por ejemplo, son las mujeres las encargadas de mantener las tradiciones, mientras los hombres se encargan de la relación con el mundo externo.[41] Por último, el influjo cultural de las mujeres mestizas no se limita a las clases populares: cabe recordar que en la mayoría de los países latinoamericanos una de sus tareas tradicionales ha sido la de sustituir a la madre en la crianza y la socialización temprana de los niños en las clases más altas. Estos, de hecho —los testimonios literarios son numerosos— han estado sometidos a un doble régimen de maternidad, a una doble pertenencia en las primeras etapas de su vida.[42]

La maternidad, en sus múltiples dimensiones, es entonces el principal lugar tradicional de poder y de presencia para las mujeres latinoamericanas, que en el plano de la vida cotidiana han debido tender hacia la autosuficiencia y la protección de los hijos, y en el plano simbólico han logrado asumir un papel central y sagrado. Es su terreno propio, la posición que sin disputa tienen, y el que otorga legitimidad social a otros papeles que se conciben como extensión del papel materno (enfermería, enseñanza, beneficencia en general). Si el juego de los poderes dentro de la sociedad se concibiera como un juego de suma cero, el desplazamiento de las mujeres hacia otras esferas más públicas de poder y de la actividad debería ser medido no sólo en términos de los espacios conquistados, sino también de los espacios perdidos, considerando el capital que significa el valor social asignado tradicionalmente a esos espacios.

---

[41] Gloria Ardaya, en el seminario de la CEPAL ya mencionado.

[42] Es notable en el caso de la obra de José Donoso. El mundo de las sirvientas, en *El Obsceno Pájaro de la Noche*, es el mundo de las supersticiones de origen indígena, del «imbunche», del lado oscuro de la vida, muy de acuerdo a la cosmovisión mapuche. En otros textos, la madre es más bien una madre cultural, la que socializa en los usos y costumbres de su clase; la «mamita», en cambio, es la madre en cuanto naturaleza; la que alimenta, limpia, se hace cargo de las necesidades corporales.

Cabe considerar también cuál es el costo que ha tenido la propiedad indiscutida de la maternidad; es decir, qué precio se ha pagado por el terreno propio. La hipertrofia de la maternidad significa asumir un trabajo extraordinario, en comparación con el que implica el esquema familiar europeo. La falta de presencia o de responsabilidad paterna ha creado una secular expectativa cultural, que en muchos casos ha sido una necesidad real: la mujer ha tenido que ser capaz de asumir toda la responsabilidad familiar, tanto en el cuidado de los hijos como en las actividades de subsistencia.[43]

Desde el punto de vista de las relaciones de pareja, estudios antropológicos recientes han destacado que, en la cultura latinoamericana, la diferenciación por género se traduce en que cada mujer se marca como madre, cada hombre como el hijo de una madre. «La relación madre/hijo eclipsará el vínculo mujer/hombre...» y se gestará así «un drama complementario»: es imposible pensarse en tanto mujer u hombre, «el ser una madre y un hijo son las categorías simbólicas que se asignan a lo femenino y a lo masculino respectivamente. Esto entraña el despliegue de una relación entre los sexos que jamás es simétrica y que deja en soledad tanto a unos como a otras». [44]

Si desde esta perspectiva se piensa en los hijos, es fácil ver las dificultades que ha planteado la relación con una madre cuya función ha estado hipertrofiada, tanto en el plano de la vida cotidiana como en el plano simbólico—sacrificial. El amor por la madre ha sido inmenso: ella ha sido cobijo, alimento, protección, indulgencia («pura yema infantil innumerable, madre», dirá el poeta César Vallejo), único referente próximo de comportamiento, modelo de abnegación. «La mujer popular

---

[43] Sobre el gran número de «huachos» (hijos sin padre), y las peculiaridades de la constitución de la familia popular en Chile, véase Salazar Vergara, Gabriel: *Labradores, peones y proletarios*, Santiago, Ediciones Sur, 1985. (Especialmente pág. 256 y ss.)

[44] Sonia Montecino, op. cit.

emergerá como abnegada y trabajadora... solitaria y autosuficiente. Pero naturalmente no se trata de la mujer del mestizo, sino de su madre».[45] La *mater admirabilis*, sacralizada por su sacrificio y por la ausencia del padre, ha fomentado por una parte una dependencia sin límites, y, por otra, una culpabilidad abrumadora: el hijo ha sido la coartada de todas las carencias maternas. Dejar atrás a la gran madre, para creer y asumirse en un papel adulto, puede haber sido tarea muy difícil en esas circunstancias culturales. «Esto situará el problema de la definición de lo masculino en el ethos latinoamericano dentro de un territorio ambiguo y dramático».[46] Lo mismo, por cierto, puede decirse de la definición tradicional de lo femenino.

Las dimensiones que adquiere la madre dentro del imaginario latinoamericano introducen una variante muy especial el análisis de la difusión del patriarcado como modelo de socialización. El sincretismo cultural modificó en la práctica —aunque no en los discursos públicos, como se verá— el papel de las mujeres dentro del esquema patriarcal. En la práctica, ellas asumieron un exceso de responsabilidades y con ello también un poder que no encontró ni expresión ni equivalente en la cultura escrita de las sociedades. Ha existido un ámbito del poder explícito en el discurso escrito y en la práctica social pública, y otro ámbito del poder oculto y mudo, a lo más, objeto de susurro y plática, invisible, favorecido por la coexistencia de varias generaciones de mujeres y ejercido de forma muchas veces inconsciente, «natural».[47]

---

[45] Pedro Morandé, «El varón en la cultura», Carisma, Santiago, mayo de 1985. Citado por Sonia Montecino y otras, op. cit.

[46] Sonia Montecino y otras, op. cit., p. 510.

[47] «Emparentando (...) por la sábana de abajo, manejando el poder que emerge del corrillo junto al brasero, moviendo los hilos tenues que enredan a los hombres con sus cuchicheos y murmuraciones, con ese beso nocturno que rige el sueño de sus hijos, con la sonrisa de despedida que destruye o preserva reputaciones y tradiciones, mujeres discretas, silenciosas en su mundo de costuras y sirvientes y visitas y enfermedades

c) La invisibilidad del terreno propio

Sin embargo, el «poder oculto» de las mujeres latinoamericanas tuvo justamente esa característica: la de ser
un «contrapoder». Las culturas latinoamericanas compar-
ten con algunas de sus culturas de origen una visión del
mundo cuyos rasgos comienzan a configurarse desde el
período colonial en el discurso escrito. En esa época, «la
antítesis se utilizaba como un modo significativo de con-
ceptualización y de conocimiento».[48] Los valores de la
cultura eran masculinos, caballerescos y cristianos, y
desde ellos se definían, por oposición, todos los «otros»,
sobre todo los amerindios. «El paradigma de las características femeninas se empleaba con mucha frecuencia
para representar lo culturalmente deficiente»: la vulne-
rabilidad, «la torpeza femínea» de los nativos americanos, la falta de desarrollo de las facultades racionales, la
entrega a la emoción y la inclinación sensual, todo lo cual
justificaba la constante necesidad de supervisión y de ins-
trucción por parte de sus conquistadores. Al escribir, «el
sujeto colonial americano borraba los retratos ajenos que
identificaban con la naturaleza, la pasión, lo femenino,
lo doméstico, lo rústico y lo pagano, para identificarse
con los valores contrarios: la cultura, la razón, lo varonil, lo público, lo cortesano o caballeresco, lo cristiano».
La enumeración es elocuente para ubicar el lugar simbólico
desde el cual comienza a construirse en la región el discurso de la cultura letrada sobre el sujeto mujer, desde la perspectiva de «lo otro» y lo inferior.[49]

---

y novenas, con los ojos gachos sobre las sedas multicolores del bastidor
mientras las ásperas voces masculinas se enardecen discutiendo cosas
que nosotras no entendemos ni debemos entender porque nosotras sólo
entendemos cosas sin importancia...» José Donoso, *El Obsceno Pájaro de
la Noche*, Barcelona, seix Barral, 1970, p. 50.

[48] Rolena Adorno, «El sujeto colonial y la construcción cultural de la
alteridad», Revista de Crítica Literaria Latinoamericana, Año XIV, N°
28, Lima, segundo semestre de 1988, pp. 55-68.

[49] Ibíd., passim.

Interesa destacar aunque sea brevemente esta perspectiva, por cuanto se ha dicho, con razón, que la palabra escrita ha hecho «una esplendorosa carrera imperial en el continente», y ha vivido en América Latina «como la única valedera, en oposición a la palabra hablada que pertenecía al reino de lo inseguro y de lo precario». Las culturas latinoamericanas, como sus ciudades, fueron «remitidas desde sus orígenes a una doble vida»: frente a la «particularidad, la imaginación, la invención local», propias de la oralidad, la escritura «asumía un puesto superior y autolegitimado: diseñaba un proyecto pensado al cual debía plegarse la realidad».[50] Más aun, cualquier intento de rebatir, desafiar o vencer la imposición de la escritura pasa obligadamente por ella, lo que hace aún más problemática la expresión de cualquier forma de cultura oral.

La invisibilidad y la desvalorización de cuanto provenía de las mujeres tiene que ver con esta «doble vida». Es así como se produce una escisión entre la cultura letrada, portadora del espíritu, y las condiciones materiales de la vida; existe un escamoteo de «la culposa conexión con la vida que se reproduce ciega y duramente», el «ocultamiento de la sumisión del hombre a la forma concreta de reproducción de su vida».[51] En este escamoteo, la actividad tradicional de las mujeres fue remitida al lado oscuro, ignorado, despreciado de este mundo binario: una actividad que no se notaba sino cuando faltaba, una actividad culturalmente invisible, que jamás se pensó expresar en unidades de medida, porque sus productos no parecían cuantificables.

4. Mujeres entre culturas: los lugares contemporáneos

En este punto se intenta una primera aproximación a algunos de los lugares que las mujeres ocupan en el espa-

[50] A. Rama, op. cit.

[51] T.W. Adorno, «Crítica cultural y sociedad», Prismas, Barcelona, Ariel, 1962. (Escrito en 1949).

cio social, en relación con los cambios culturales más recientes en la región (a los que se hizo referencia en las secciones 2 y 3). En las secciones mencionadas se ha esbozado un cuadro de modificación vertiginosa de los parámetros culturales y de una aceleración nunca vista de los procesos de transculturación, todo ello estimulado por el avance tecnológico. Es evidente que estos cambios en el mundo, junto con los cambios específicos en las funciones que desempeñan las mujeres y en los lugares que ocupan dentro de la sociedad, hacen de ellas lo que alguien llamó «los sujetos sociales inesperados»[52], cuya consideración apenas realmente comienza.

Por cierto, no se sostienen ya los lugares tradicionales. Ha caducado la noción de que el acceso a la cultura escrita es sólo excepcional para las mujeres: más bien, de ahora en adelante se investigan las diferencias que ellas crean y han creado dentro de esa cultura. Por otra parte, los cambios asociados al control de la fecundidad, el trabajo remunerado y la educación han modificado muchísimo la imagen y en ámbito de la acción de las mujeres, y con ello se produce toda una modificación en el plano de las familias y de la socialización de los niños; el mismo lugar materno es ahora un campo de estudio y a veces de desconcierto, pues no logra conocerse cabalmente sólo a través de su tradición, y su desplazamiento produce trastornos simbólicos de envergadura, tanto en la «cultura del texto» como en la cultura silenciosa de las prácticas.

«La búsqueda de la identidad de lo masculino y lo femenino la impone la cultura, para adscribir posiciones y funciones a los miembros de un grupo social. La pérdida de la diferencia, que permitía la armonía dinámica de un mundo binario, nos coloca a todos en crisis... La cultura se ve

[52] Teresa de Lauretis, «La esencia del triángulo, o tomarse en serio el riesgo del esencialismo: teoría feminista en Italia, los Estados Unidos y Gran Bretaña», *Debate feminista*, año I, vol. 2, México, D.F., septiembre de 1990, p. 97.

abocada a una especie de transexualización cultural... para la cual deben descubrirse nuevas extrapolaciones.»[53]

Las páginas que siguen son sólo aproximaciones tentativas a algunas de esas posibles «extrapolaciones» nuevas, y su objeto es, sobre todo, señalar algunos puntos de modificación cultural que puedan tomarse en cuenta en la recolección de datos y en las propuestas de desarrollo. Ya que en la sección anterior se habló de «lugares tradicionales» de las mujeres en la cultura, esta intenta apuntar hacia algunos de los lugares en que las modificaciones culturales son apreciables. Se trata, por cierto, de una enumeración apenas inicial, de carácter ilustrativo.

a) La presencia en el ámbito internacional

Los cambios en la condición de las mujeres han sido espectacularmente visibles durante el presente siglo. El acceso de las demandas de las mujeres a la esfera pública, desde la local y nacional hasta la de los organismos internacionales, ha respondido al reconocimiento de su ciudadanía política, y a su creciente presencia en el mundo del trabajo remunerado y de la producción. La división tradicional entre los espacios masculinos y femeninos se había desdibujado en la práctica, y la expresión de este hecho en el plano institucional no podía dilatarse mucho más.

Gracias al esfuerzo de los movimientos de mujeres, y a la conciencia internacional y nacional que ellos mismos han generado, en los últimos veinte o más años las demandas de las mujeres han obtenido un lugar en el plano nacional e internacional. En el ámbito de las Naciones Unidas, la expresión más notable de ello fue el Decenio de las Naciones Unidas para la Mujer: Igualdad, Desarrollo y Paz, que finalizó en 1985. Su prolongación en

---

[53] Hernán Henao D., «Contexto sociocultural de la familia», *Cuadernos de Familia* N° 4, Colombia, 1989.

las Estrategias de Nairobi orientadas al futuro para el adelanto de la mujer congrega aún muchas esperanzas de participación. Sin embargo, el tema de la mujer sólo pocas veces ha logrado establecer una presencia más allá de la ritual en las declaraciones y documentos que no le están específicamente dedicados.

El tema de la participación de las mujeres en el desarrollo de América Latina ha solido enfocarse, y con razón, como un problema que atañe a la equidad. Las demandas de las mujeres en lo que respecta a educación, empleo, salud, legislación civil y penal, representación en las instancias decisorias, participación política, han sido durante el Decenio motivo de acciones y estudios, y en muchos casos de avances importantes, ya consignados en documentos de la CEPAL. La preocupación central, en estos casos, ha sido corregir, por diversos medios, situaciones de desigualdad y discriminación de las que las mujeres eran víctimas, y que aparecían como incompatibles con la ciudadanía plena. La demanda tenía por destinatarios a los organismos internacionales, a los organismos gubernamentales nacionales y a organizaciones no gubernamentales.

El fin del Decenio ha llevado a algunos balances que parecen abrir la posibilidad de reflexiones diferentes y tal vez complementarias. No se desconoce la existencia de una situación de desigualdad y opresión de las mujeres que trasciende las fronteras de las clases sociales, y que se manifiesta —con diferencias— en todos los países de la región. No se renuncia, por cierto, a la tarea de lograr reivindicaciones concretas y corregir injusticias. Sin embargo, desde el punto de vista del pensamiento, se percibe cierto cansancio con «la visión de las mujeres como víctimas pasivas, (que) resulta una camisa de fuerza para cualquier planteamiento transformador».[54]

---

[54] Ana M. Rosas, «Hacia una teoría de las transacciones desiguales», *Debate feminista*, año I, vol. 2, México, D.F., septiembre de 1990, pp. 304-311.

Aparte de las dudas respecto de la utilidad estratégica de insistir en esa visión, la apelación ética a una instancia dotada de poder, junto con dar mucho de sí, ha mostrado sus limitaciones y se ha vuelto más difícil. La propia concepción del poder tiende a variar y a volverse más compleja, en el marco del repliegue producido por «la pérdida del valor de algunas ideologías tradicionales como cuerpo compacto», a que se aludió al principio. «El poder» comienza a concebirse no como algo monolítico, sino como «múltiples relaciones de fuerza que se forman y actúan en la producción, la familia y los divididos, que se refuerzan al operar conjuntamente en todos esos espacios».[55] Es en esos espacios cotidianos, y no sólo en los espacios de los discursos, donde se juega realmente la condición de la mujer ahora. En este sentido, una vez que algunas de las principales demandas de las mujeres han sido incorporadas en los diversos discursos oficiales de los organismos internacionales, los organismos nacionales y otras organizaciones, el tema de las reivindicaciones se traslada del plano del discurso al de las relaciones cotidianas reales, con toda la complejidad y ambivalencia que éstas implican, notablemente en lo cultural. Es notable como un mismo discurso oficial igualitario puede, en el caso de las mujeres, coexistir con las realidades más diferentes, debido a la influencia de los diversos sustratos culturales.[56]

En el plano de las relaciones cotidianas, las mujeres dejan de ser las víctimas que apelan a la ética de un poder entendido como «foco único de soberanía», y pasan a ser sujetos ubicados en una red de transacciones y negociaciones, de escaramuzas diarias que van configurando el poder social. La fuerza de este complejo poder depende de su capacidad de producir efectos positivos, en

---

[55] Ibíd., citando a Foucault, *Microfísica del poder*, Madrid, La Piqueta, 1978, pp. 112-113.

[56] Este tema fue tratado en el seminario mencionado de la CEPAL por Ernesto Ottone.

un nivel que puede ser real o puede ser sólo del deseo. [57] La posición subordinada tradicional de la mujer se mantuvo en gran medida mientras fue percibida como positiva por las propias mujeres, en muchos casos por persistencias de una tradición cultural que ya no encontraba asidero en la realidad, por ilusión o por lo que se ha llamado una «percepción adaptada», que pudo encubrir conflictos de interés.[58] Las nuevas realidades han ido poniendo en evidencia esos conflictos y forzando a los esquemas culturales anteriores a grandes esfuerzos de adaptación.

b) La tecnología y el lugar de las mujeres: aspectos culturales

Existen ya reflexiones que han emprendido el largo camino de superar la invisibilidad secular de la actividad femenina, cuyo origen cultural se señaló en la sección anterior. Uno de los enfoques más interesantes busca explorar y ampliar el concepto de tecnología, considerando que ésta no incluye sólo los equipos y sus características de operación, sino también los arreglos sociales que permiten el desarrollo de los procesos productivos. Resulta importante, entonces, «una visión integrada del patrón de actividades que, tanto dentro como fuera del hogar, en conjunto conforman los procesos productivos en las sociedades».[59] Con ello, el concepto de actividad productiva no se hace equivaler al de actividad remunerada: serían actividades productivas también todas las que, en el ámbito doméstico, se realizan para mantener y reproducir la fuerza de trabajo. Así, la división de tareas entre hombres y mujeres en las unidades domésticas —que se determina culturalmente— atañe al proceso de pro-

---

[57] Ana M. Rosas, op. cit., citando a Foucault.

[58] Amartya Sen, *Women, technology and sexual divisions*, UNCTAD/TT/79, Ginebra, 1985.

[59] Amartya Sen, op. cit.

ducción. Se hace necesario explorar con cierta profundidad los sesgos y estereotipos culturales que ocultan, en muchos casos, el carácter laboral de ciertas actividades, o las desvalorizan en relación con otras más prestigiosas. Una visión integral del proceso de producción permitiría desconstruir ciertas nociones culturalmente persistentes pero objetivamente falsas: sólo es trabajo el trabajo remunerado (de ahí que la madre de familia y la dueña de casa se consideren económicamente «inactivas»); la actividad del ámbito doméstico no es parte de la actividad económica, y otras semejantes. En estas nociones se reconoce como rémora la presencia de un patrón de discriminación cultural contra la mujer que ya no corresponde a la situación que esta hoy tiene en la conciencia de la sociedad. Sin el aporte de las labores domésticas (llamadas hasta hace poco labores del sexo, en Chile), no sería viable la actual organización del trabajo.

En América Latina, el nivel de calificación de la población y su capacidad de participar en el proceso permanente de innovación tecnológica son los factores de los que depende, según la propuesta de la CEPAL, la solidez de la posición de la región en el mercado internacional.[60] Dos aspectos —entre muchos posibles— se señalan aquí en relación con la mujer y la cultura. Ellos tienen que ver con la formación de los recursos humanos de la región: la tarea socializadora de la primera edad, cuya importancia se revela cada vez como más fundamental para el rendimiento posterior, sigue en general el patrón tradicional de estar en manos de las madres, como se verá al tratar el lugar de las mujeres en la familia actual. En muchos casos las madres, a cuyas cargas tradicionales se agrega la del trabajo remunerado, se encuentran en condiciones económicas y culturales muy inadecuadas como para poder fomentar en los niños una creatividad mínimamente suficiente. Los efectos de la crisis económica, absorbidos en forma desmesu-

---

[60] CEPAL, *Transformación productiva con equidad* (LC/G. 1601 SES. 23/4), Santiago de Chile, marzo de 1990, p. 77.

rada por las mujeres más pobres de la región, agravan una situación de por sí muy delicada en cuanto a la socialización de los niños pequeños y sus posibilidades de una buena integración posterior en la fuerza laboral. En este punto se manifiestan en toda su crudeza dos condicionantes culturales que afectan la consideración del trabajo no remunerado de la mujer: éste se ve por una parte como elástico, «capaz de estirarse para compensar cualquier otro déficit», y por otro lado como económicamente invisible, por cuanto, al no ser pagado, no es tomado en cuenta en las decisiones macroeconómicas.[61]

El segundo tiene que ver con las mujeres mismas en cuanto trabajadoras, y las posibilidades de que las nuevas tecnologías generen nuevas formas de trabajo que no reproduzcan divisiones discriminatorias preexistentes: la importancia de la flexibilidad y la cooperación por sobre patrones rígidos de división del trabajo[62] brinda una ocasión privilegiada para crear oportunidades laborales en que las tareas nuevas que asuman las mujeres puedan considerarse en lo que efectivamente valen, desprendiéndose del fantasma de la invisibilidad que las acecha desde el pasado cultural. La redefinición de puestos de trabajo puede relativizar la tradicional división de éstos por género; pueden abrirse nuevas oportunidades de trabajo domiciliario o de tiempo parcial, pueden valorizarse —como ya se ha hecho— ciertas habilidades y destrezas más desarrolladas en las mujeres. Desde la perspectiva cultural, sin embargo, no cabe un optimis-

---

[61] Irma Arriagada, *Mujer y nuevas teconologías.*

[62] Ibíd.«La flexibilidad en términos de horario de trabajo, de discontinuidad de la prestación laboral y de permanente responsabilidad compartida entre el trabajo fuera y dentro del hogar, características del trabajo femenino y generalmente interpretadas como su debilidad y aleatoriedad en en relación con el del hombre, pueden, en las nuevas circunstancias, transformarse en el elemento clave para la incorporación de las mujeres a los puestos que genere la introducción de nuevas teconologías. El desafío consiste en transformar esa base de debilidad en fortaleza.»

mo sin reservas. La feminización de determinadas ocupaciones ha significado históricamente una reducción de su prestigio social y de su remuneración.

c) El lugar en la familia: un tema abierto

La mujer como figura central de la familia latinoamericana, que surgió antes en relación con el modelo mariano y los lugares tradicionales de las mujeres, es un tema que vuelve a plantearse, al menos como pregunta, cuando se considera la situación contemporánea en la región. Desde ubicaciones diversas, y especialmente si las condiciones son difíciles, se repiten ciertos indicios dispersos en este sentido. Un estudio realizado en Antioquía, Colombia, en 1980, señala que el hombre no ostenta ya la condición de proveedor único de los recursos, sino que debe contar con el aporte de otros familiares; que las mujeres absorben además la totalidad del trabajo doméstico, y que la madre «continúa ejerciendo un indiscutible liderazgo al interior del hogar», cuya vida gira en torno a ella, mientras el padre se hace cada vez más adjetivo.[63] Desde Ceará se dice que, pese al esquema que ubica al hombre como proveedor, en la práctica la familia cuenta cada vez más con la participación de la mujer y en las ciudades el porcentaje de familias mantenidas por la mujer alcanza a 33%[64]. Es interesante observar también que en el mismo estudio se afirma que la mujer sigue desempeñando el trabajo doméstico y reconociendo al hombre como jefe de la familia: se observa así la existencia de un «patriarcalismo subjetivo», un resabio cultural que permanece a pesar de los cambios objetivos. Lo mismo se aprecia desde Haití: «aunque las familias en su gran mayoría no están constituidas como familias nucleares, la referencia a los valores tradicionales en relación con los sexos

---

[63] Víctor Zapata, «Familia y poder», Cuadernos de Familia N° 1, Colombia, 1988.

[64] María Inés Santos, «O cotidiano da mulher na familia face aos modelos culturais tradiconais: contradicoes», Mulheres face a face: rasgando o veu e fazendo a história, Brasil, CCDM, 1987.

no ha perdido fuerza».[65] Se trata de testimonios muy parciales, pero sugerentes desde su dispersión geográfica. Apuntan hacia un tema muy concreto en relación con la realidad de las mujeres latinoamericanas: es muy posible que los factores culturales tiendan a encubrir en censos y encuestas la verdadera dimensión de los aportes femeninos al hogar. El hecho de ser hombre, y no el de ser proveedor, parece ser en muchos casos lo que define la condición de jefe de hogar. Aun así, los datos existentes indican que una proporción apreciable de los hogares latinoamericanos declaran como jefe a una mujer, lo que hace pensar, además, que el estereotipo cultural que inclina a considerar el salario de las mujeres como «complemento» de otros ingresos familiares dista mucho de ser válido en la región.

También en términos muy generales, puede sugerirse como hipótesis que la composición misma de las familias no siempre corresponde al modelo de las familias nucleares, y a veces ni siquiera al modelo más común de familia extendida. Especialmente en situaciones de mayor pobreza, las familias pasan a ser asociaciones de supervivencia y solidaridad, en que los vínculos de consanguinidad, aunque importantísimos, no siempre son determinantes.[66] Las familias se transforman en un mecanismo insustituible para la subsistencia cotidiana[67]: hacen posible que las madres jóvenes trabajen, dejando cuidados a sus hijos; se hacen cargo de los ancianos y enfermos sin acceso a la seguridad social, y asumen así una serie de responsabilidades que tendrían un costo alto si fueran asumidas por la comunidad. En estas familias, así entendidas, las mujeres generalmente asumen pape-

---

[65] Myrto Celestin, «Etre femme dans notre société haïtienne», en A. Chancy y S. Castor (eds.), *Théories et pratiques de la lutte des femmes*, Haití, CRESFED, 1988.

[66] Magdalena León, en el seminario de la CEPAL ya señalado.

[67] Hernando Clavijo, «La familia N° 5, Colombia, 1985.

les rectores, y es notable la ausencia de figuras masculinas responsables. La existencia de estos esquemas familiares no convencionales sería de interés para la investigación estadística, en primer lugar, y luego, si su número lo justifica, para un análisis de los efectos sobre la vida de los países en planos tales como la socialización de las nuevas generaciones, el empleo y la seguridad social.

d) La extrapolación del lugar tradicional

Como se dijo antes, se han desdibujado, en la experiencia cotidiana, los límites antes más estrictos entre espacios de hombres y espacios de mujeres. No obstante, es interesante notar, desde una perspectiva cultural, que el peso de los lugares tradicionales y su prestigio simbólico han sido muy tomados en cuenta por las propias mujeres cuando se trata de las estrategias para conquistar nuevos espacios, especialmente en situaciones de confrontación. Es así como en estos tiempos de tránsito de unas a otras formas de cultura, las mujeres entran al espacio «de la calle» a partir de sus papeles tradicionales: como madres, en el caso célebre de la Plaza de Mayo, por ejemplo. En ese caso, el papel canónico de la madre, propio del espacio de la casa, se desplazaba hacia el otro espacio. En eso producía efectos de desconcierto. Al aparecer como madre, en busca de sus hijos, era de una legitimidad intachable, aun para los más conservadores, lo que hacía simbólicamente más costosas las tareas de represión. Esta estrategia, llamada de «identificación simbólica», está en la misma línea de las estrategias de «acompañamiento» (del movimiento de mujeres Bartolina Sisa, de Bolivia), o de «deslizamiento», en que las mujeres extienden su papel doméstico para abarcar no sólo su casa, sino también los espacios próximos, asociándose para obtener mejoras en sus condiciones concretas de vida.[68] Se juega, en todos estos

---

[68] Las denominaciones de las estrategias de «identificación simbólica», «acompañamiento», y «deslizamiento» fueron sugeridas por Ana Pizarro en su ponencia en el seminario de la CEPAL antes indicado. Ella añade, en relación con la escritura femenina, la estrategia del «enmascaramiento».

casos, con los lugares tradicionales de la mujer, haciéndolos servir de base para afirmar la conquista de lugares de acción más amplios para estos «sujetos sociales inesperados».

e) «El espacio de nadie: el espacio de los afectos»[69]

La irrupción de las mujeres como sujetos sociales en múltiples nuevos espacios —los indicados son apenas parte de una conversación que apenas se inicia— puede llevar a olvidar otros lugares, a transformarlos en «espacios de nadie». Es evidente que las mujeres se incorporan en forma acelerada a los espacios públicos en general, e incluso, dentro del espacio de la familia, a funciones no tradicionales. La justicia y conveniencia de esa incorporación ya no son materia de debate. En cambio, si se revaloriza el trabajo femenino no remunerado como parte del proceso productivo de una sociedad, y si se refuerza la conciencia del gran aporte realizado en forma secular por las mujeres a la vida social, es posible preguntarse cómo influye el desplazamiento de las mujeres hacia nuevos terrenos, y quién tiende a ocupar los lugares que han quedado más desatendidos.

El ámbito de la primera socialización, hasta ahora fundamentalmente materno, es uno de esos lugares. La necesidad de ocuparlo crea grandes conflictos. En el plano individual, estos afectan a las madres que tienen empleos remunerados; en el plano social, apuntan a un conflicto de intereses entre al menos dos racionalidades diferentes. Es cierto que para las empresas la racionalidad económica indica que sus empleadas, sean o no responsables de niños pequeños, deben tener un determinado rendimiento para obtener una determinada remuneración; la creación de medidas que favorecen a las madres tiene como contracara la desvalorización del empleo femenino en el mercado. Es cierto también, desde otra ra-

---

[69] Gloria Ardaya, en el seminario de la CEPAL antes mencionado.

cionalidad, que es enorme el costo social de descuidar a los niños: la no prevención de enfermedades, la falta de adecuada y oportuna estimulación del desarrollo, las carencias afectivas, se reflejan más tarde en la necesidad de tratamientos y rehabilitaciones onerosos y difíciles, o directamente en la marginación y la delincuencia.

La integración a la sociedad, en la cual la madre y la familia en general tuvieron tradicionalmente una función importantísima, se realiza hoy con la participación de muchos otros agentes, notablemente los medios de comunicación y los grupos de pares. Se acentúan así las divisiones generacionales, y se crean ámbitos de soledad y falta de comunicación que, en el caso de ancianos, pueden alcanzar dimensiones dramáticas. Dado el carácter de los medios de comunicación masiva en la región, y sobre todo de la televisión (la «niñera electrónica»), se favorece también una socialización standard, cuya propuesta parece subsumir las diferencias de clases, etnias y grupos —antes reforzadas por la socialización materna— y difundir pautas de comportamientos y valores de carácter transnacional. Es notable, en este aspecto, la uniformación propuesta para las pautas de consumo, que para algunos grupos podría corresponder a una efectiva posibilidad de adquisición y para otros a una uniformación de las aspiraciones y de los gustos, sin la posibilidad correlativa de acceso a los bienes. (El consumismo del *voyeur* es un tema que merecería por cierto mayor análisis en la región latinoamericana.)

Otros aspectos tradicionalmente vinculados a la esfera femenina de influencia, como la ligazón grupal a través de las alianzas familiares, la consolidación de relaciones no económicas de intercambio —los favores personales, la confianza, la creación de obligaciones futuras difusas, el intercambio no de bienes, sino, sobre todo, de la disposición personal de responder a las necesidades de determinadas personas— [70] pueden pensarse tam-

---

[70] Richard R. Curtis, «Household and Family in Theory on Equality», *American Sociological Review*, vol. 51, N° 2, abril de 1986, pp. 168—183.

bién como «espacios de nadie», lo que llevaría a que las leyes de mercado rigieran también las relaciones personales (la perspectiva no parece halagüeña, y ni siquiera sostenible, si se piensa en los límites de la racionalidad económica en relación con, digamos, los niños, los enfermos y los ancianos).

La división tradicional entre el espacio de los varones y espacios de las mujeres se está desdibujando. El mundo binario ya no se sostiene. Sin embargo, el espacio que antes era exclusivo de la mujer es un espacio importante de la humanidad, y en la cultura actual pérdida de la diferencia significa una crisis y una flexibilización de papeles. El espacio de nadie es en realidad el espacio de todos, hombres y mujeres: el resquebrajarse de las barreras entre ambos es también una invitación a aceptar un concepto de persona humana menos fragmentado y menos escindido, consciente del tema del género, capaz de adentrarse en el terreno de los afectos, capaz de aceptar y reconocer cuánto de «femenino» hay en los hombres, cuánto de «masculino» en las mujeres, y cuánto de productivamente diferente entre ambos. En el caso latinoamericano, y dado el sustrato cultural existente, esto implica una revisión muy creadora y profunda del concepto de maternidad, que recoja sus aspectos generosos y los extienda hacia un desprendimiento [71] que posibilite en el hijo la plena adultez. Implica también, entonces, una posible recuperación del terreno de las relaciones más igualitarias de pareja, con miras a superar la soledad cultural «de unos y de otras».

5. A modo de conclusión: hacia una interacción ladina[72]

Tal vez el ejemplo de la relación entre los medios masivos de comunicación y sus receptores pueda ser una bue-

---

[71] Margarita Pisano, en el seminario de la CEPAL antes indicado.

[72] Es uso de esa palabra se la debo —de oídas— al filósofo chileno Pablo Oyarzún, en sus reflexiones sobre identidad latinoamericana.

na manera para introducir el tema de la interacción cultural. Se ha dicho que el espacio de la socialización, antes muy familiar y materno, está ahora en gran medida en poder de esos medios. Recientes estudios sobre la recepción televisiva [73] dan algunas indicaciones que apartan de la noción de pasividad o de victimización de los televidentes. La identificación con los personajes y situaciones presentados no aparece como una pérdida de identidad, individual o colectiva, «sino, por el contrario, como un apropiarse de lo ajeno y nuevo, reconocido por alguna analogía con uno mismo»: a partir de sus propios contextos socioculturales, los televidentes «interactúan con la oferta televisiva para criticarla, percibir sus carencias, resignificarla según sus necesidades o presentar sus expectativas». Pueden apropiarse de modelos de comportamiento social, para aplicarlos en su beneficio en situaciones futuras, sobre todo cuando se trata de receptores de grupos no dominantes; pueden acceder al conocimiento de ciertas convenciones y expectativas sociales, e informarse mejor acerca de medios en los que deberán desenvolverse. El uso ladino —por oposición a la recepción pasiva—, es en parte una realidad y en parte una posibilidad en relación con el medio televisivo. La socialización que éste logra no es necesariamente una reducción a la pasividad, en la medida en que las proposiciones puedan ser enfrentadas por sujetos individuales o con capacidad mediadora, que las reciban desde una conciencia de su propia situación y de sus propias diferencias.

Lo dicho sobre la televisión puede servir de ilustración a un tema mucho mayor, que aquí sólo podría esbozarse. La mundialización de la cultura podría llevar a lo que alguien llamó «la insulsa estandarización de las civilizaciones», [74] y más todavía, si se consideran las dife-

---

[73] Valerio Fuenzalida y María Elena Hermosilla, *Visiones y ambiciones del televidente.* Estudios de recepción televisiva. Santiago, CENECA, 1989.

[74] François Julien, en Tzvetan Todorov y otros, *Cruce de culturas y mestizaje cultural*, Madrid, Ediciones Júcar, 1988, p. 119.

rencias de poder entre las diferentes regiones del globo, a la visión terrible de «una agonía permanente, no una total desaparición de la cultura preexistente... (que) a la vez presente y momificada, sirve de testimonio en contra de los que a ella pertenecen». [75] Es posible que una región como la latinoamericana quede «irremediablemente excluida de sus propias fantasías», si éstas han de provenir de otras culturas. [76]

No es ésta, sin embargo, la única posibilidad. Un gran escritor latinoamericano ha hecho famosa una declaración que apunta a otra posición muy distinta. Al aceptar el premio Inca Garcilaso de la Vega, J.M. Arguedas se definió como «un individuo quechua moderno que, gracias a la conciencia que tenía del valor de su cultura, pudo ampliarla y enriquecerla con el conocimiento, la asimilación del arte creado por otros pueblos que dispusieron de medios más vastos para expresarse. Yo no soy un aculturado: yo soy un peruano que orgullosamente, como un demonio feliz, hablé en cristiano y en indio, en español y en quechua». Su propuesta es la de una identidad producto de una actitud de asimilación selectiva, crítica y trastocadora; una actividad astuta, que parte de la conciencia de la propia identidad de origen, cuyo vigor no está en el rechazo de lo culturalmente nuevo, sino en la capacidad de incorporarlo, aprovechando cuánto sea un aporte, pero sin subordinarse en cuanto a puntos de vista. En este sentido, el melancólico fin de Arguedas no es el término de una actividad irreve-

---

[75] Franz Fanon, *The wretched of the Earth*, citado por Homi Bhabha, «The other question. The stereotype and colonial discourse», Screen, vol. 24, Londres.

[76] La frase es de *El Obsceno Pájaro de la Noche*. Sobre los personajes de Manuel Puig, Jorge Guzmán ha escrito: «vivieron irremediablemente condenados a no ver la realidad por donde se desplazan sus cuerpos. No estaba en su mano hacer otra cosa. Tuvieron que tomar los materiales simbólicos que había en su hábitat y esos materiales eran los medios de masas. Con eso, elaboraron un «sí mismos» fantástico, de una variedad regional de fantasía que transcultura sin necesidad del desplazamiento físico». (Diferencias latinoamericanas, Santiago de Chile, 1984.)

rente, inteligente y peligrosa, que hoy tiene expresiones irónicas y recientes: la identidad, por ejemplo, «del posmexica, prechicano, panlatino, transterrado, arte americano... depende del día de la semana o del proyecto en cuestión». [77]

En este enfoque de la transculturación, tienen un lugar especial, como aporte de diversidad, los saberes transmitidos de generación en generación por las mujeres, y su relación «callada y lateral» con las formas oficiales de expresión de la cultura latinoamericana. No se trata entonces sólo de un problema de equidad o de satisfacer demandas de las mujeres: más bien se trata de un problema de aprovechar todos los recursos existentes en el acervo cultural de la región, con miras a que sirvan para que ésta «enfrente el diálogo y las negociaciones internacionales desde una posición quizás más favorable que en el pasado», que es una de las esperanzas expresadas en la propuesta de desarrollo regional.

---

[77] Guillermo Gómez Peña, «Wacha ese border, son», citado por García Canclini, op. cit.

MÚSICA POPULAR CHILENA
ENTRE LO PROPIO Y LO AJENO[*]

Juan Pablo González

Cada tradición nacional de música popular está formada por cierta conjunción de influencias, donde coexisten elementos que se funden y otros que se mantienen diferenciados. En la Música Popular Chilena (MPC), se han reunido géneros de la costa del Pacífico y del Atlántico, como el vals criollo y el tango; del área andina, como el huayno; y del valle central chileno, como la tonada y la cueca. A éstos se suman géneros de países lejanos pero acercados por los medios de comunicación, como México, desde donde nos llegó el corrido y el bolero; Cuba, con la rumba y el chachachá; Brasil, con el baión; Colombia con la cumbia; y Estados Unidos con el foxtrot y el rock.

Esta heterogénea convergencia de géneros ha sido facilitada por el propio chileno y su interés de estar «al día» de lo que sucede en el mundo, lo que lo lleva a adoptar con facilidad modas, ideas y productos culturales llegados del exterior, tal vez en un intento por romper su aislamiento geográfico. Esta apertura a influencias externas se acentuó con el desarrollo experimentado por la industria musical durante la década de 1930, la que expuso al chileno a una cultura popular moderna y cosmopolita.

---

[*] Este artículo esta basado en la ponencia presentada por el autor en el congreso regional del *International Association for the Study of Popular Music*, celebrado en La Habana, Cuba, en octubre de 1994.

Al mismo tiempo, el aislamiento geográfico y la cultura agraria tradicional predominante en el país, generan una oposición conservadora a la apertura externa en materia musical, fomentando, en cambio, el desarrollo de una música popular localista y apegada a raíces folclóricas, las que, vistas desde una perspectiva purista, parecen estáticas e intocables.

La MPC, entonces, se ha desenvuelto entre un polo cosmopolita o moderno y uno localista o tradicional, generando prácticas musicales diferentes e incluso opuestas. La tensión entre lo local y lo cosmopolita es también la tensión entre lo propio y lo ajeno, la que se expresa, por ejemplo, en los argumentos que desacreditan tanto las prácticas renovadoras del folclore como la asimilación de influencias externas en Chile.

Contemplando la tensión de la MPC como la propia tensión de la sociedad que la sustenta, este artículo pretende hurgar en la íntima relación que existe entre música y sociedad. De este modo, se analizan los rasgos estilísticos y la funcionalidad social de tres géneros representativos de los polos de la MPC de mediados de este siglo: la tonada, el foxtrot y el bolero, los que ejemplifican distintos niveles de tensión entre lo propio y lo ajeno.

La tonada: lo propio

La incorporación de géneros del folclore a la música popular urbana ha sido una constante en la música chilena y latinoamericana. Esta incorporación supone cambios estilísticos y funcionales en los repertorios folclóricos originales, debido a los nuevos usos que experimentan y a los procesos de estilización y masificación a que son sometidos.

La estilización del folclore campesino chileno fue emprendida desde los años veinte por sectores urbanos li-

gados al campo por su condición de inmigrantes o due-
ños de tierras, en un intento por desarrollar una música
popular propia, que evocara su pasado rural, pero que
se adecuara al ambiente moderno de la ciudad. Para ello,
se formaron elegantes cuartetos vocales con guitarras,
vestidos a la usanza del huaso chileno, como *Los Cuatro
Huasos* (1927), *Los Huasos Quincheros* (1937) y *Los Provin-
cianos* (1938).

Sin embargo, el huaso no canta, ni como solista ni en
conjuntos, pero posee una rica vestimenta digna de ser
lucida en un espectáculo, la que es sinónimo de poder
en el campo. *Los Cuatro Huasos*, por ejemplo, lucían fi-
nos y exclusivos atuendos de huaso y cantaban con voces cultivadas, de dicción bien articulada y afinación pre-
cisa, rasgos adecuados para la audiencia acomodada que
los escuchaba.

Al mismo tiempo, estos conjuntos intentaban otor-
garle un «sabor típico» a sus interpretaciones, interca-
lando gritos folclóricos de animación y formas de hablar
campesinas. De este modo, producían una música de carácter evocativo, ideal para el inmigrante y el dueño de
tierras, quienes reforzaban su vínculo con el campo, escuchando y bailando tonadas y cuecas en la ciudad.

La tonada fue el principal género utilizado por los
cuartetos de huasos en la estilización del folclore. Su li-
rismo, su estructura flexible y sencilla, y su amplia vigencia en la cultura agraria chilena, permitían abordarla
con facilidad y aseguraban su aceptación en el medio
nacional. De este modo, la tonada se refinó con arreglos
e interpretaciones pulidas, desarrollándose un estilo de
ejecución virtuoso en la guitarra, con rápidas introduc-
ciones y punteos de terceras, y nítidos contrastes dinámi-
cos y agógicos. Ejemplos de este estilo lo constituyen las
versiones de *Los Huasos Quincheros* de «Abran quincha,
abran cancha» (1931) y «Chile lindo» (1948), de *Los Cuatro
Huasos* y Clara Solovera (1909-1992) respectivamente.

Esta música, llamada «típica chilena», articula rasgos disímiles, construyendo un vínculo entre sujetos sociales diferentes como son el patrón y el inquilino, y el habitante de la ciudad y el del campo. Sus intérpretes están ligados al medio social patronal y urbano, lo que se aprecia en el refinamiento de sus voces, su rica vestimenta, su fácil acceso a los medios de comunicación, su educación y cultura, y su actitud paternalista frente al mundo campesino.

Al mismo tiempo, la «música típica» posee claros rasgos campesinos, dados por su uso y función que la liga tanto a ocasiones festivas rurales como a instrumentos y géneros folclóricos. Además, es portadora de una sensibilidad y una temática rural que refuerza los valores tradicionales del habitante del campo. El campesino que emigra a la ciudad, entonces, encuentra en la «música típica» un elemento de identificación local que otros repertorios difundidos en la ciudad le niegan.

El proceso de estilización experimentado por el repertorio folclórico, vivió su punto culminante en la década de 1960 con el desarrollo de una nueva forma de elaboración de la música folclórica, llamada Neofolclore, y producida por una naciente generación de músicos chilenos que tenía claras diferencias con las generaciones precedentes.

La relación con el folclore de los jóvenes de los años sesenta era lejana y estaba mediatizada por la propia industria musical. Ellos eran producto de la ciudad y no tenían mucho que evocar, sintiéndose libres de innovar, y de abrirse a nuevas influencias. La necesidad de poseer una música que generacionalmente se sintiera como propia, los llevó a diferenciarse de la «música típica», creando un nuevo estilo basado en la influencia modernizadora de la música de raíz folclórica argentina difundida en Chile.

Esta música, le entregó a los jóvenes chilenos elementos de arreglo e interpretación que les permitió desarrollar una música que, siendo moderna, no perdiera sus rasgos locales. El Neofolclore evitaba la artificiosa naturalidad de la «música típica» y se alejaba del folclore en su estado puro, mediante un arreglo vocal elaborado y una interpretación estilizada [1].

Esta nueva forma de tratamiento del folclore, junto a la producida por la Nueva Canción Chilena, incrementó la elaboración musical y literaria de las canciones. A partir de entonces, se empezó a hablar de modernización y de internacionalización de la MPC de raíz folclórica, es decir, lo propio incorporó rasgos que hasta entonces se sentían como ajenos [2].

El foxtrot: lo ajeno

La exportación de modas y estilos de vida desde Estados Unidos al resto del continente y su aceptación por parte de sectores sociales medios y altos latinoamericanos, ha sido un fenómeno en aumento durante el presente siglo. Esta influencia fue facilitada a partir de los años veinte por la música popular, en especial por los bailes *swing*, los que popularizaron formas de expresión y de diversión anglosajonas entre sectores urbanos de América Latina.

Durante la primera mitad del siglo, era habitual que profesores de baile norteamericanos realizaran visitas a academias de baile en Sud América, enseñando nuevas danzas, las que eran aceptadas con entusiasmo en los países visitados. De este modo, y con el apoyo de la industria discográfica y editorial internacional, se impuso

---

[1] Los conjuntos argentinos y sus símiles chilenos cantaban a cuatro voces, e introducían pasajes contrapuntísticos y onomatopéyicos del bombo y de la guitarra. Ver Gravano 1983: 39

[2] Ver González 1996.

en Chile el charleston, el one-step, el shimmy, el foxtrot y el boogie woogie, en un proceso creciente de cosmo-politización de la MPC.

El foxtrot fue el baile anglosajón más practicado en el país entre las décadas de 1930 y 1950, llegando a ser promovido como un ejercicio físico «de gran estímulo para la musculatura en general» (*El Mercurio*, 6/II/1938: 9). Junto a la permanente oferta en Chile de grabaciones de foxtrots a cargo de importantes orquestas norteame-ricanas de la época, los propios músicos chilenos se aven-turaron en la interpretación y creación del género, logran-do aportes locales de distinta índole [3].

En nuestro medio se desarrollaron tres tipos diferen-tes de foxtrot. El primero estaba asociado a la canción y fue producido por compositores como Armando Carrera (1899-1949), Fernando Lecaros (1911-1976) y Armando González (1912-1950); el segundo era interpretado por orquestas de *swing* o jazz bailable, como las dirigidas por Pablo Garrido (1905-1982) y por Lorenzo Da Costa (1914) en la década de 1930; y el tercero estaba ligado a la práctica improvisatoria del jazz, como es el caso del foxtrot practicado por *Los Ases Chilenos del Jazz* y el *Quin-teto Swing Hot de Chile* en la década de 1940 [4].

En su expansión por el mundo, el foxtrot sirvió para denominar diferentes bailes de metro binario en «tiem-po de paseo», produciendo curiosas mezclas al incorpo-rar músicas locales de características métricas similares. En América Latina, por ejemplo, se difundió un fox incaico, boliviano, mexicano, cubano y chileno. Al ves-

[3] Originado en Estados Unidos a comienzos de la década de 1910, el foxtrot hunde sus raíces en el one-step y en los bailes sincopados del ragtime, dominando los salones de las americas durante la primera mitad de este siglo.

[4] Además los hermanos Eduardo y Roberto Parra desarrollaron un foxtrot bailable en guitarras que denominaron «jazz huachaca» o de los bajos fondos.

tirse de colores locales, el foxtrot se apropió de una tradición, transformándola en estereotipo.

Un curioso caso de foxtrot chileno lo constituye «Araucano», de Oscar Verdugo y Roberto Retes, ganador de un concurso de música chilena organizado por el sello RCA Victor en 1929. Existe una versión en partitura para canto y piano de este foxtrot, y una versión grabada instrumental, ligada a la orientación jazzística e improvisatoria del género. En esta versión, «Araucano» comienza y termina con golpes de timbal y con un llamado de trompeta por intervalos de cuarta, que evocan el sonido del *kultrún* (timbal sonaja) y la *trutruka* (trompeta natural) mapuches. La primera estrofa de «Araucano» posee giros modales pentáfonos y frigios, que corresponden a las asociaciones musicales con el mundo indígena que hacía el chileno de la época [5].

Junto con transformar la música mapuche en un elemento exótico, el fox «Araucano» refuerza, a través de la letra, los estereotipos con los que el chileno construyó su visión del indígena durante la primera mitad del siglo veinte: un guerrero derrotado, solitario y nostálgico de su pasado esplendoroso.

El foxtrot, como expresión de modernidad, fue aceptado sin reservas por los sectores sociales «modernos», los que lo incorporaron en su versión original anglosajona, a lo más, traduciendo sus textos. Sin embargo, aquellos sectores que no disfrutaban de la modernidad sino que mas bien aspiraban a ella, intentaron apropiarse del foxtrot otorgándole rasgos locales, produciendo así una música que dejaba de sentirse como ajena.

El bolero: ni propio ni ajeno

La música latinoamericana ha mantenido una presencia

---

[5] Ver González 1993.

constante en Chile a lo largo del siglo veinte, acentuándola entre las décadas de 1930 y 1960 como consecuencia del desarrollo de la industria musical en América Latina; de la aún incipiente influencia de la industria musical estadounidense en la región; y de las necesidades expresivas de los propios músicos chilenos.

En el repertorio latinoamericano difundido y cultivado en el país, se manifiestan temáticas y sensibilidades de una América urbana y de una América rural, que nos llega desde Argentina, México y Cuba principalmente, con géneros como el tango, la ranchera, el corrido, la rumba, la guaracha y el bolero.

El bolero alcanzó gran difusión en América Latina durante los años cuarenta gracias al apoyo de la industria discográfica y cinematográfica mexicana. Países como Brasil y Argentina sufrieron una verdadera invasión de boleros, llegando a amenazar el desarrollo de repertorios locales, lo que motivó reacciones en contra de su expansión. En Chile, en cambio, esta dulce invasión se aceptó sin reservas [6].

El bolero era difundido en el país desde mediados de los años treinta mediante grabaciones RCA Victor y presentaciones en vivo de cantantes mexicanos con acompañamiento orquestal. Este fue el caso de Juan Arvizu, «el tenor de la voz de seda y terciopelo», y Pedro Vargas, «el gran señor de América», quienes debutaron en Santiago en 1935 y 1938 respectivamente. A ellos hay que agregar las actuaciones del bolerista argentino Leo Marini, «la voz que acaricia», entre 1942 y 1955, y las del cubano Wilfredo Fernández, entre 1947 y 1951.

Durante los años cuarenta, aparecieron los primeros boleristas chilenos: Raúl Videla, Arturo Gatica, Mario Arancibia y *Los Huasos Quincheros*. En la década de 1950

---

[6] Ver Ferrer, 1977: 159-160, Moreno, 1989: 82-83, y Rojas, 1992: 96

se sumaron Lucho Gatica, Arturo Prieto y Sonia y Miriam. Estos intérpretes incluyeron en su repertorio boleros de compositores chilenos como Armando González (1912-1950), Jaime Atria (1919-1984) y Francisco Flores del Campo (1907-1993), quienes cultivaron un bolero orquestal, similar al popularizado en Chile por los cantantes mexicanos de la década de 1930. Este es el caso de «Vanidad» (ca. 1939), «Sufrir» (1940), y «Noche callada» (1959) de González, Flores del Campo, y Atria respectivamente [7].

El bolero orquestal mantuvo el *status* propio de una producción musical costosa, cuya presencia se circunscribe a salones de baile y a recitales en teatros y auditorios radiales. Este es un bolero elegante y mundano, interpretado por voces cultivadas acompañadas de instrumentos clásicos en elaborados arreglos orquestales. Pese a perder vigencia como forma de hacer música, el bolero orquestal se ha mantenido en el repertorio del recuerdo del público maduro, siendo revivido en los años ochenta desde la posmodernidad.

Los chilenos de sectores populares se incorporaron al bolero durante la década de 1950 a través del bolero de trío. Este modo de hacer bolero fue impuesto en Chile y América Latina por el trío *Los Panchos*, quienes debutaron en Santiago en 1951 en el Teatro Baquedano, tres años después de su debut en México. Este bolero se incorporó en forma natural al repertorio de valses peruanos, tonadas chilenas y guaranias paraguayas cantado por dúos y tríos con guitarras en mercados, fondas y restaurantes. El estilo sentimental o «cebolla» de estos conjuntos es muy apreciado por el pueblo chileno, pues toca la fibra íntima de su alma latinoamericana.

Cuartetos de «música típica» como *Los Huasos Quincheros*, también incorporaron el bolero a su repertorio de tona-

---

[7] «Vanidad» fue compuesta por Armando González como *slow-fox*, pero más tarde empezo a ser interpretada como bolero.

das. Sin embargo, lo hicieron acompañándose de orquesta, según era costumbre en Chile durante la década de 1940. De este modo, mantuvieron su diferenciación social, ligándose al bolero de concierto y no al de los tríos de mercado [8].

Lucho Gatica (1928) fue quien logró integrar ambos modos de bolero, interpretando tanto boleros de trío, con *Los Peregrinos*, como orquestales, con las orquestas de Don Roy, Roberto Inglez, Vicente Bianchi, José Sabre Marroquín y Nelson Riddle. Con esto, Gatica ligó dos mundos socio-musicales distintos, ampliando así su llegada al público.

Al mismo tiempo, y fiel a la tradición musical de la cual proviene, Lucho Gatica incorporó la tonada en su repertorio. Este es el género imperante en su ciudad natal, Rancagua, es lo primero que grabó en 1943, y era el repertorio habitual de su hermano mayor, Arturo. Sin embargo, al escoger el camino internacional del bolero, Gatica convirtió la tonada en un recuerdo nostálgico de la patria ausente, cristalizándola en una versión tendiente a preservar su «pureza» folclórica. De este modo, la tonada no se mezcló con el bolero, sino que se mantuvo en un territorio aislado.

El bolero ha repercutido de distinta manera y en diferentes momentos en distintos sectores de chilenos. En unos ha permanecido como recuerdo nostálgico y en otros como práctica musical vigente; unos sufren y gozan con el bolero orquestal y otros con el de trío; para unos el bolero es sinónimo de elegantes salones de baile y para otros de humildes bares. Sin embargo, hay algo que tienen en común estos sectores, pues sabiendo que el bolero no es algo propio, nunca lo han sentido como ajeno.

---

[8] Los Huasos Quincheros popularizaron en 1945 en Chile y Argentina los boleros «Nosotros» (1943), del cubano Pedro Junco, y «Sufrir» (1940) del chileno Francisco Flores del Campo. Ver Vicuña, 1977: 28.

Conclusiones

La articulación entre lo propio y lo ajeno, lo local y lo universal, lo tradicional y lo moderno, y la propia definición de estos conceptos, han gobernado el desarrollo de la MPC durante el presente siglo, influyendo en sus logros y fracasos, y produciendo en el chileno la multimusicalidad que lo caracteriza.

La música popular local ha compartido su terreno en Chile con repertorios internacionales que son asociados por sectores sociales «modernos» a la modernidad de los lugares de donde provienen y de los medios que los difunden. De este modo, repertorios vinculados al *american way of life*, por ejemplo, han sido absorbidos con facilidad y casi sin modificaciones por estos sectores, quienes llegan a sentir como propio algo ajeno. Por otro lado, aquellos grupos sociales que no se sienten poseedores de la modernidad, sino que más bien aspiran a ella, sólo pueden hacer propios los repertorios «modernos» mediante su adaptación a prácticas musicales locales. En este caso, o se producen estereotipos o se logran síntesis originales.

Al compartir su terreno con repertorios internacionales, la música popular chilena fue incorporando conceptos de arreglo y producción provenientes de la música popular internacional. Esto se produjo pese a la oposición de sectores tradicionalistas que veían en ello un atentado a las raíces folclóricas de la música chilena. De este modo, han surgido corrientes renovadoras en la MPC que han ampliado el concepto de lo propio y han logrado renovar la tradición, transformando algo estático y lejano en algo dinámico y cercano a la época en que se vive. Este pareciera ser un requisito indispensable de toda música popular, música a la que desde los años sesenta se le llama moderna.

BIBLIOGRAFÍA

ADVIS, LUIS Y JUAN PABLO GONZÁLEZ EDS. 1994. *Clásicos de la Música Popular Chilena. 1900-1960.* Santiago: Publicaciones SCD, Editorial Universidad Católica,

FERRER, HORACIO. 1977. *El libro del tango.* Buenos Aires: Editorial Galerna.

GONZÁLEZ, JUAN PABLO. 1993. «Estilo y función social de la música chilena de raíz mapuche», *Revista Musical Chilena* , 47/179: 78-113.

GONZÁLEZ, JUAN PABLO. 1996. «Evocación, modernización y reivindicación del folklore en la música popular chilena: el papel de la *performance*», *Revista Musical Chilena* , 50/185: 25-37.

GRAVANO, ARIEL. 1983. «La música de proyección folklórica argentina» *Folklore Americano* , 35: 5-71.

MENANTEAU, ALVARO. 1995. «El jazz en Chile hasta 1945: orígenes y consolidación», tesis, Santiago: Universidad de Chile.

MORENO RIVAS, YOLANDA. 1989. *Historia de la Música Popular Mexicana.* México: Alianza Editorial.

ROJAS, GONZALO. 1992. *Contigo en la distancia. Lucho Gatica, El Rey del Bolero.* Santiago: Ediciones Cerro Huelén.

VICUÑA, IGNACIO. 1977. *Historia de los Quincheros. 1937-1977.* Santiago: Ediciones Ayer.

478P13 FS 1002
09/01/99 32550 SELB
INFORMATION CORPORATION, INC.